多様性の経営学

矢野正晴
Yano Masaharu

東京 白桃書房 神田

はじめに

　筆者は，今は国立情報学研究所で学術情報や経営学の研究をしていますが，大学を卒業したすぐあとには電機メーカーに就職し会社員になりました。多くの日本の会社一般に言えることですが，その会社の中では，配置転換，いわゆる配転には，あまりよくないイメージがつきまとっていました。会社の方針で新しい事業を始めるような際，まず新しい部や課の長が決められ，その人たちが，実働部隊として新しい部署に来てくれる人を出してくれるよう，いろいろな部に頼んで回っていました。頼まれた側では，仕事のよくできる有能な部下は自分で抱え込んでおきたいと思うのが通例です。仕事ができない人か，なんらかの事情で自分と合わない部下などを新しい部署に送り出す，つまり配転するということが，まま行なわれていました。

　私も新しい部署に行くよう命じられたことがあります。そのときは，夕刻，対象者数名が小さな会議室に集められ，上司から説明を受けました。上司は，なかなか話を切り出そうとせず，ようやく彼の口から出た言葉は，「まことに言いにくいことですが……」でした。ほんとうに言いにくそうで，とぎれとぎれのゆっくりしたペースで，配転させるということが告げられました。新しい部署に異動させるということが，そんなに大変なことなのか，まだ入社4年目の私にはよくは理解できませんでした。

　さて，新しい部署に移った私には，新しい上司と，そしてこれからいっしょに仕事をすることになる同僚たちとの出会いが待っていました。新しい上司は，「社内のいろんなところから人を集めて，いっしょに仕事をさせる

と，うまくいくんですよ」と，常日頃言っていました。そして，「だから僕は，どこの職場に行っても，いろんなところから人を集めるようにしてるんです」と。私にとっての新しい職場には，いろんな部署から配転により人が集められており，活気に満ちていました。私は，その新しい上司に，「いろんな人が集まるとうまくいくのは，なぜなんですか」と聞きました。上司は，「いや，そういうものなんだよ」としか答えてくれませんでしたが，この上司の言葉が，その後長い間私の頭から離れませんでした。いろんな文献にあたりましたが，答は出ませんでした。「ようし，それでは私が証明して見せよう」と思い，会社内で調査研究を始めたのです。そして，それをまとめたのがこの本です。メカニズムの証明まではできませんでしたが，ある程度の示唆は得られたのではないかと思います。

　この本の内容の一部は，『組織科学』誌その他で発表したことがあります。それらを含め，組織文化によって創造性（あるいは独創性）の表れ方が違うこと，チームの多様性が独創性につながること，そして目標が明確な部門では多様性がむしろ害になることなどを，全体を通して論じたのがこの本です。なお，この本は実証研究を中心に書かれていますが，その導入として，第1章「経営管理」において，経営学の基礎を簡略に整理しました。これにより，学部の学生やビジネスパーソンの方々にも，この本全体を理解していただきやすいようにしたつもりです。

　続いて第2章「創造性」では，科学史や心理学の分野も含め，日本では創造性への関心が欧米に比べて高くないことが，創造性研究の視点から述べられます。欧米では，創造性のみに関する百科事典ができているほどなのです。さらに，「チーム」への関心の高まりがチームの創造性の研究へと発展していることを示していきます。

　第3章「経営学と多様性」では，研究開発と多様性との関連についての研究，チームに関する研究，そして多様性のマネジメントについての内外の研究を紹介します。

　第4章「組織文化と創造性」では，国民文化や組織文化についての先行研究を紹介したあと，筆者が1991年に行なった日本企業における創造性に関する調査研究をとりあげます。ここでは，パス解析により，(1)組織の創造性が

高まると，企業のパフォーマンスがよくなること，および(2)組織の活性度が高まると，組織の創造性が高まることが実証的に示されます。さらに，チャレンジ精神型の組織文化を持つ企業と，合理性重視型の組織文化を持つ企業では，創造性の発現に差があることが示されます。

第5章「製造企業の独創性」以降で，日本を代表するハイテク企業の一つであるA社での調査研究を紹介していきます。A社におけるこの調査は，1996年から1997年にかけて行なったものです。この調査研究では，「A社の研究所の中で，独創性があると思うチームはどこですか」および，「A社の研究所の中で，独創性があると思う個人は誰ですか」という二つの質問を含んだアンケートを軸に分析を行ないました。まず，第5章ではA社の研究所の全研究員（約1,200名）へのアンケート調査の結果をもとに，まず，特許出願数や論文数と，独創性とは別のものであることを示します。次に，チームの独創性得票数がリーダー個人の独創性得票数との相関が低いだけでなく，チーム内の個人（リーダーとメンバー）の独創性得票数の総数との相関も低いことを示します。つまり，リーダーやメンバーという個人の独創性の総和としてチームの独創性があるのではなく，チーム特性としての独創性があるということになります。

次の第6章では，「A社の研究所の中で独創性があると思うチームはどこか」という質問に対して，多くの人が独創性があると答えたチームの中から，「移動体通信用Sフィルタ」のチーム，「Bトランジスタ」のチーム，および「電子コミュニティ」のチーム，の三つの事例を取りあげます。ここで，独創性のあるチームに独創性のある個人がいることは少ないこと，また，異質性ないし多様性が重要な働きをしていることが分かってきます。

第7章「アンケート調査の統計的分析」では，カイ2乗検定と因子分析により，チームの多様性が独創性につながることを示します。この章では，ハードウェア研究のチームとソフトウェア研究の違いについても考察し，ソフトウェア研究のチームにおいては，「組織間連携」と「多様な性格・個性」の二つの面で異質性の導入が遅れていることも示します。

第8章「事業部門における検討」では，A社のシステム開発部門と情報処理部門でのサンプリング調査の結果から，(1)システム開発部門においても多

様性が独創性につながること，および(2)情報処理部門においては，独創性と多様性の関連は薄いことが示されます。そしてこの統計解析の結果を，それぞれ「音声照合パッケージ・ソフト」の事例，「超大型コンピュータ開発」の事例で補強していきます。

　最後の第9章「結論」では，全体をもう一度振り返って，日本の文化の中で，多様性や異質性を大切にすべきこと，独創性のある個人がいなくてもチームの独創性はマネジメントにより作り出すことが可能であることを示します。そして，そのためにはどのようにすればよいかの示唆が得られます。

　この研究は，アンケートやインタビューに快く応じてくださった方々のご協力があって初めてできたものです。これらの方々に改めて深謝いたします。また，東京大学先端経済工学研究センター長であられた児玉文雄教授（現，芝浦工業大学工学マネジメント研究科長。東京大学名誉教授）のご指導がなければ，できなかったものでもあります。東京大学大学院経済学研究科高橋伸夫教授や筑波大学大学院ビジネス科学研究科河合忠彦教授その他多くの先生方にもお世話になりました。挙げれば切りがありません。原稿の整理等にあたってくれた高橋茜さんにも感謝しなければなりません。皆さんどうもありがとうございました。

　なお，私事ですが，本書の脱稿後筆者の父が他界しました。本書を亡父勇に捧げます。

2004年1月

矢　野　正　晴

目　次

はじめに　i

第1章　経営管理 ——————————————————— 1
1-1. 近代企業 ……………………………………………… 1
1-2. 日本の企業経営 ……………………………………… 2
1-3. 経営管理論 …………………………………………… 4
1-4. 組織デザイン ………………………………………… 7
1-5. 組織文化 ……………………………………………… 8
1-6. 経営戦略 ……………………………………………… 11
1-7. 研究開発 ……………………………………………… 14
1-8. 製品開発 ……………………………………………… 16
1-9. グローバル戦略 ……………………………………… 18

第2章　創造性 ——————————————————— 21
2-1. 創造性研究 …………………………………………… 21
2-2. 経営学における創造性研究 ………………………… 24

第3章　経営学と多様性 ——————————————— 29
3-1. 研究開発と多様性 …………………………………… 29

3-2. チーム研究と多様性……………………………………31
3-3. 多様性のマネジメント…………………………………34

第4章　組織文化と創造性 ―― 37

4-1. 国民文化と組織文化……………………………………37
4-2. 日本企業における創造性に関する調査………………38

第5章　製造企業の独創性 ―― 53

5-1. 独創性とは何か…………………………………………53
5-2. チーム特性………………………………………………65

第6章　事例研究 ―― 73

6-1. 事例1「移動体通信用Sフィルタ（仮称）」
　　―個性，それを取り込んだチーム・マネジメント，
　　および組織間連携―……………………………………73
6-2. 事例2「Bトランジスタ（仮称）」
　　―大学における専門の多様性―………………………80
6-3. 事例3「電子コミュニティ」
　　―異分野経験および異質性取り込み・混合のチーム・
　　マネジメント―…………………………………………84

第7章　アンケート調査の統計的分析 ―― 91

7-1. 単純集計結果から見た独創性のあるチーム…………91
7-2. 統計的分析………………………………………………96
7-3. 研究分野別（ハードウェア研究・ソフトウェア研究）
　　の分析 …………………………………………………102

第8章　事業部門における検討 ―― 113

8-1. 統計的分析………………………………………………113

8-2. システム開発部門の事例「音声照合パッケージ・
　　　ソフト」
　　　―社外との接触および多様性重視のチーム・マネジメ
　　　ント― ………………………………………………122
8-3. 情報処理部門の事例「CMOSを用いた超大型
　　　コンピュータ開発」
　　　―独創性と多様性の関連が薄い事例― ………………127

第9章　結論 ———————————————— 137

おわりに　143

参考文献　147
付録　研究所のアンケート票と単純集計結果　157
事項索引　185
人名索引　189

第1章

経営管理

1-1. 近代企業

　1830年代から，アメリカで既存の商業地を結び，水上輸送を補完するため，鉄道建設が行なわれ始めた。これらの鉄道会社がアメリカで最初に近代企業となったが，必要な資本は大きく，日常業務の管理も複雑で，株主や家族などが鉄道会社を所有しつつ管理も行なうことは不可能であった。そこで，特別な知識を持った専門経営者が会社を管理することになったのである。

　ファヨール（H. Fayol）は，フランスの大企業である通称コマンボール社で社長を務めた専門経営者である。同社は一時生産性と品質が低下して財務内容が悪化して危機的な状態であったが，ファヨールは減増資，社債発行，他企業の合併などにより同社を再生した。彼は社長在任中の1917年，経営管理論の最初の書物『産業ならびに一般の管理』（*Administration Industrielle et Générale*）を出版した。近代企業においては，家族も銀行も株主も管理にはタッチせず，専門経営者が管理した。チャンドラー（A. D. Chandler, Jr.）はこのような企業を経営者企業と呼んだが，こうした企業が支配的な体制を経営者資本主義という。バーリ＝ミーンズ（A. A. Berle, Jr. & G. C. Means）はこのような事実を指摘したが，さらに，企業が大規模化し，最大株主の持ち株比率が非常に小さくなると，企業が危機的状態に陥らない限り株主は経営者を解任できない状態になると述べ，これを経営者支配の状態

と呼んだ。所有と支配が分離したのである。

1-2. 日本の企業経営

1958年に，アベグレン（J. C. Abegglen）は『日本の経営』（*The Japanese Factory*）を著したが，その中で彼は，日本企業の終身コミットメントに注目した。そして，日本企業は家族的ではあるが，生産性に関しては否定的な評価をしている。この日本の企業経営に対する否定的な評価は，ドラッカー（P. F. Drucker）により肯定的な評価に変わった。彼は(1)効果的な意思決定，(2)雇用保障と生産性との調和，(3)若手管理者の育成の3点で，日本企業は欧米企業と異なっており，それが日本経済の成長につながっていると結論づけた。終身雇用，年功賃金，および企業別組合がいわゆる「三種の神器」としてもてはやされたのもこの頃である。

1980年代には，アメリカ企業は生産性があまり伸びなくなったが，それに対して日本企業は著しく生産性を伸ばしていった。「組織文化」というキーワードとともに，日本企業の長所を取り入れようというアメリカ企業も出てきた。日本的経営の移植という局面を迎えたわけだが，組織文化的なものとともに，自動車産業におけるジャスト・イン・タイム・システム（JIT）生産方式などが見習いの対象となった。

しかし，1992年いわゆる日本のバブル経済が崩壊し，その後現在に至るまで，日本企業は不況の苦しみから脱することができないでいる。この間，終身雇用，年功賃金という，長い間日本企業で行なわれてきた慣行を捨て，アメリカ流の業績主義賃金制度を導入する企業が多く現れた。業績主義を実現する手段として，従業員個々人が期ごとの目標を立て，期末に達成度を上司が評価するといった目標管理制度も導入された。しかし，これらの制度が日本企業の文化に必ずしもうまく適合しなかったこと，あまりにも性急に導入したことから，従業員の不信感が強くなった企業があり，反省の機運も出てきている。

ところで，高橋伸夫（1996）は，「見通し指数」によって職務満足も退出願望もほぼ説明可能であることを示した。同様のことは，よりパーソナリ

ティに近い「未来傾斜指数」によっても示された。彼は次の五つの質問項目を作り、「はい」ならば1点、「いいえ」ならば0点とし、5項目の合計点数を求め、それを未来傾斜指数と定義した。

① こうと決めたらどんな難しいことでもやっていける。
② 石の上にも3年という格言が好きだ。
③ 将来のことを思えばどんな苦しみにも耐えられる。
④ 将来の生活に期待と希望をもっている。
⑤ 私には人生の目標がある。

そして23万人対象のアンケート・データのうち、他の質問項目から得られた「生きがい比率」と「勤続願望比率」のそれぞれと未来傾斜指数の関連を調べたところ、ほぼ完全な線形の関係があることが分かったという。つまり、未来傾斜指数が高くなるほど、生きがい比率が上がり（図1-1）、勤続願望比率が上がることが明らかになったのである（図1-2）。そして彼は、日本企業

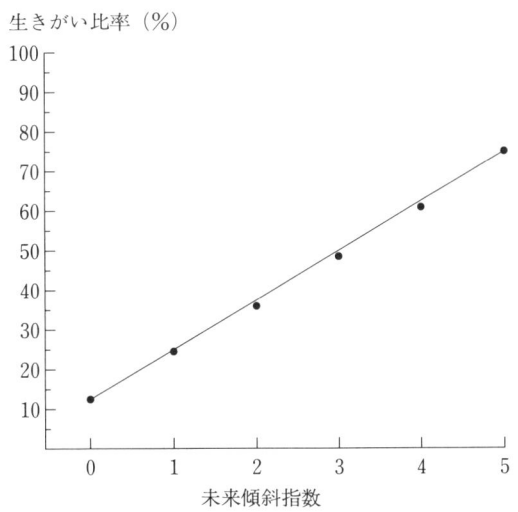

($R^2 = 0.9970$; Adjusted $R^2 = 0.9962$; $N = 232957$)

(出所) 高橋伸夫編著『未来傾斜原理』p.100

図1-1 未来傾斜指数と生きがい比率

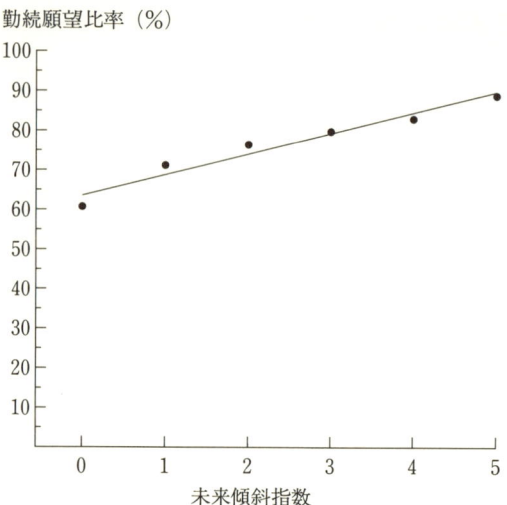

（出所） 高橋伸夫編著『未来傾斜原理』p. 101
図1-2 未来傾斜指数と勤続願望比率

の持つ強い成長志向や年功制の賃金は，会社にとっても従業員にとっても将来への期待に寄り掛かっていることの現れであるとして，これを「未来傾斜原理」と呼んだ。

つまり，将来への見通しがあり，将来への希望が持てて初めて人は生きていけるのであり，明日のことも分からないのでは希望が持てず，企業の従業員の働くモチベーションが低下するのである。この点で，日本の終身雇用，年功賃金という慣行は有効な雇用システムであったといえよう。

1-3. 経営管理論

1910年頃から，現在の経営管理論の基礎となる理論が，多く誕生するようになった。アメリカのテーラー（F. W. Taylor）は科学的管理法による大量生産システムを論じ，またドイツのウェーバー（M. Weber）は官僚制組織を提唱した。テーラーの科学的管理法は，後にIE（インダストリアル・エンジニアリング）やJIT（ジャスト・イン・タイム・システム）として結実

する。

　テーラーは経営管理の命題を「高い賃金と低い工賃を同時に実現すること」に置き，そのために次の四つの原理を科学的管理法として提唱した。

① 課業の明確な割り当て
② 課業の標準条件の決定
③ 率を異にする出来高払いの制度
④ 課業遂行の水準設定

この科学的管理法は，自動車産業などいろいろな産業の生産現場に導入されて成果をあげた。しかし，この管理法は人間を機械のように扱うことを意味し，人間性を疎外するものでもあった。

　その反省から，科学的管理法からは対照的ともいえる人間関係論が生まれ，グループ・ダイナミクスの研究から行動科学という分野に発展する（図1-3）。さらにはリーダーシップ論やモチベーション論，それに人的資源管理論へとつながっていった。

　人間関係論はレスリスバーガー（F. J. Roethlisberger）やメイヨー（E. Mayo）らがウェスタン・エレクトリック社のホーソン工場で8年間にわたり，生産性と作業条件の関係について，いわゆるホーソン実験を行なったのが起源である。結果は科学的管理法の帰結と異なり，作業能率は外的条件よりも作業集団の人間関係に強い影響を受けていた。しかし，人間関係論には，公式組織よりも非公式組織を重視し，従業員に人間的な配慮を多くすることが本当の管理といえるのかなどの問題点も多い。

　ドイツからアメリカに渡ったレビン（K. Lewin）は多くの行動科学者とともに，数多くの実証研究を行なった。その結果，行動科学は急速に進むことになる。オハイオ州立大でのリーダーシップの2次元モデルやマネジリアル・グリッド，日本の三隅二不二のPM理論などである。さらにマズロー（A. H. Maslow）の欲求5段階理論，マグレガー（D. McGregor）のX理論・Y理論など多くの研究が行なわれた。なお，マズローの理論は現在でははぼ否定されている。

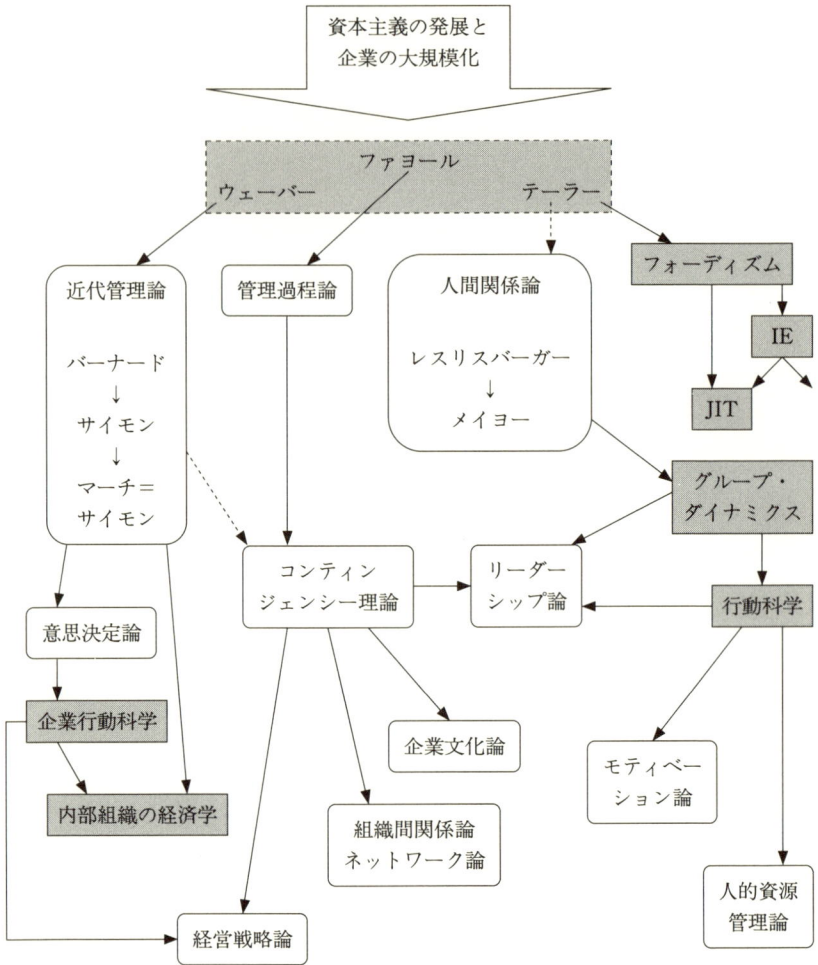

（出所）塩次喜代明・高橋伸夫・小林敏男『経営管理』p. 43

図1-3　経営管理論の系統図

　一方，ファヨールの管理論はアメリカで管理過程論として発展し，コンティンジェンシー理論を経て，経営戦略論，組織間関係論を生んだ。ファヨールは，管理機能は他の5職能（技術的職能，商業的職能，財務的職能，保全的職能および会計的職能）から区別されるべきであるとし，管理職能を6番目の機能とした。その上で，管理のために必要な原則として，分業，権

威と責任，規律など14の管理原則を挙げている。こうしてできた組織はライン・アンド・スタッフ組織であり，機能別組織である。

　もう一つの流れとして，ウェーバーの理論は，バーナード（C. I. Barnard）の管理論につながった。彼はニュージャージー・ベル電信電話会社の社長であったが，自己の体験をもとに理論的な検討を行なった。すなわち，組織は人の生理的・認知的条件を克服すべく編成されるとし，そのような組織では人々の協働システムが成立して，それこそが経営の実体部分であるとした。そのような組織が成立するためには，(1)共通の目的，(2)協働への意欲，(3)コミュニケーション・システムが，同時に成立する必要がある。そして組織が継続し存続するためには，有効性と能率が確保されなければならないとした。

　また，サイモン（H. A. Simon）はバーナードの理論をさらに発展させた。彼は，管理者がとるべき行動は，組織の意思決定の機能を配分し，意思決定プロセスに働きかけてそれが組織的な意思決定として合目的的に展開されるように影響力を行使することであるとした。さらに，マーチ（J. G. March）との共著『オーガニゼーションズ』（*Organizations*，1958）では，コンフリクトを持ちながら複雑に展開される組織の意思決定と，組織のイノベーションを仮説の体系として整理した。これは企業行動科学やアンゾフ（H. I. Ansoff）の経営戦略論につながっていく。

1-4. 組織デザイン

　設立後間もない企業は，ほぼ例外なく機能別組織を採用する。ファヨールのいうように分業が行なわれ，研究開発，製造，購買，営業，財務，人事などに分けられる。いわゆる縦割りの組織であるが，だんだんと階層化が行なわれるため，横のつながりも必要となり，「架け橋」が設けられる。しかし階層数が増加すれば架け橋も増加し，組織の情報処理能力を低下させることになる。

　企業がだんだん大きくなっていくと多角化が行なわれ，機能別組織では対応できなくなり事業部制組織をとることになる。本社は各事業部を統括し，

各事業部は製品，サービス，地域，顧客ないし市場ごとに利益責任を持つことになる。そしてその内部に機能別の下位組織が作られる。日本の企業では，その多くが事業本部制をとっている。事業本部は複数の事業部を統括し，それらの事業部に関連する研究開発部門を事業本部の下に置くことが多い。

1994年，ソニーはカンパニー制を導入し，いくつかの日本企業がこれに追随した。カンパニー制の特徴は，市場別の事業組織，内部資本金の設定，それにプレジデントへの大幅な権限委譲を特徴とする。カンパニー制に限らず，事業部制には集権と分権との間で何度も再編成されることがしばしばである。

タスクフォースは，五つ程度以上の機能部門にまたがる問題を解決するために組織される。全勤務時間をその任務に充てる者と，一部の時間をタスクフォースに充てる者もいる。そして任務が終了すれば，元の部門に戻ることになる。

全社的なプロジェクト・チームが複数個働きだすと，機能別組織はマトリックス組織へと変化する。各機能部門からメンバーが集められ，プロジェクト・チームが編成される。チーム組織をトップ・マネジメントに直属させ，部門間に横に串刺しするような形となる（図1-4）。

	職能				
	庶務	財務	開発	製造	営業
プロジェクトA					
プロジェクトB					
プロジェクトC					
プロジェクトD					
プロジェクトE					

図1-4 マトリックス組織

1-5. 組織文化

企業には，それぞれ独自の雰囲気のようなものがある。企業の人とインタビューなどで話をすると，それが伝わってくる。A社の人はA社らしく，同

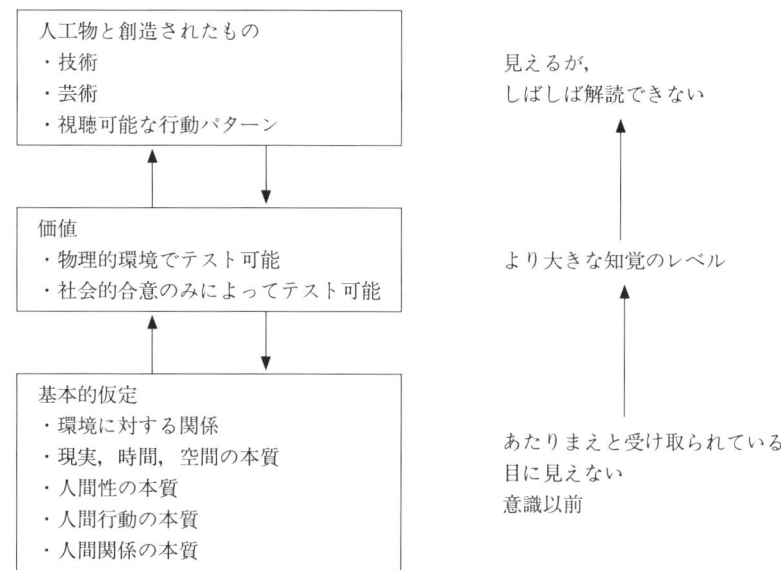

(出所) E. H. シャイン著,清水紀彦・浜田幸雄訳『組織文化とリーダーシップ』p. 19

図1-5 文化のレベルとその相互作用

じ業種で企業の規模なども似ているB社の人はまったく別のB社らしさを持っている。社風とも呼ばれるが,企業文化ないし組織文化とも呼ばれるものがそれである。シャイン（E. H. Schein）は企業文化を「集団が外部への適応や内部の統合といった問題の解決に際して学習し,新しいメンバーの思考の方法として教え込まれるような共有化された基本仮定」であると定義した。そして組織文化はリーダーによって創造されるのであり,リーダーシップの最も決定的な機能の一つが文化の創造,マネジメント,そして破壊が必要になったときは破壊であるとした（図1-5）。

　組織文化は価値観を共有し,意思決定における自律性を尊重することによって,組織と個人の自発性を高め,意欲的な試みが行なわれるようにすることができる。日本企業では,現場の小集団活動が活発で,改善といった小さなイノベーションが起こりやすいのも文化によるものといえよう。

　ディール＝ケネディ（T. E. Deal & A. A. Kennedy, 1982）は,いくつかの偉大な会社を考察し,アメリカ企業の創立者たちは強い文化が成功をもた

らすと信じていたという。そして創立者たちの教訓が社内で代々の経営者に受け継がれてきた。それが企業文化であり、従業員にとって意味を持つ価値、神話、英雄、象徴の凝集であるとした。

マイルズ＝スノー（R. E. Miles & C. C. Snow, 1978）は企業の戦略的行動が計画、実行、チェックという三つのマネジメント・サイクルに沿ってパターン化される姿から、企業の戦略類型を試みた。(1)防衛型戦略、(2)先取り型戦略、(3)分析型戦略および(4)後追い型戦略である。(1)の防衛型戦略は自社のドメイン（事業領域）を明らかにし、それを深耕して守り抜く。(2)の先取り型戦略は先発者利得をねらい、他者より先に新分野に挑戦する。(3)の分析型戦略は状況を分析して臨機応変に戦略行動を変える。そして(4)の後追い型戦略は他社に追随する。そして、彼らは戦略行動として一貫性が保たれていることが業績にとって重要であるとした。このように、企業文化が戦略行動を与えることになるのである。

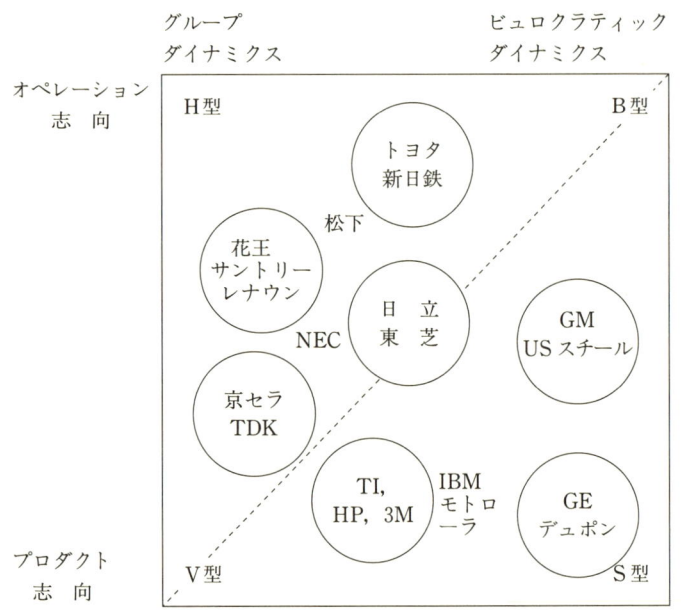

（出所）加護野忠男・野中郁次郎・榊原清則・奥村昭博『日米企業の経営比較』p. 229とp. 230の二つの図を合成した。

図1-6　戦略・組織の次元と企業間差異

加護野忠男ら (1983) は，日本とアメリカの類似企業を比較して図1-6のような環境適応類型を描いた。分類の基準は，戦略の次元（プロダクト志向か，オペレーション志向か）および組織の次元（ビュロクラティック・ダイナミクス重視かグループ・ダイナミクス重視か）である。これにより4分類され，H (human relation) 型，V (venture) 型，B (bureaucracy) 型，およびS (strategy) 型と名づけられているが，対角線の右下にアメリカの企業が，左上に日本の企業が並んでいる。

　企業文化は創業者によって創られるが，必要な場合にはそれを変革しなければならない。変革にはトップ・ダウンの変革とボトル・アップの変革がありうるが，後者ではミドルが変革の担い手として活動する。いずれのタイプの変革においても，組織の中で広い範囲にわたり，新しい学習を起こさせることができるかにその成否がかかっている。

1-6. 経営戦略

　戦略という概念が経営学で用いられたのは1960年代になってからである。チャンドラーは経営戦略を「企業の基本的長期目標・目的の決定，とるべき行動方向の採択，それらの目標遂行に必要な資源配分」と定義した。そして「組織は戦略に従う」という有名な命題を導いた。このように，戦略策定の基本は市場環境を見極め，経営資源を把握し，企業ドメインを定め，それに適合した組織をデザインすることである。ドメインとは，企業が競争相手と戦う事業領域のことである。ドメインを定めることは，企業の基本的な性格を定めることであり，これにより企業の意思決定をするトップの注意の焦点が定まり，組織としての一体感が作られる。

　その後，アンゾフは，既存の製品―市場分野との関連において，企業がどの方向に進んでいるかを「成長ベクトル」で示した。これによると，成長ベクトルは，ミッションと製品により四つのマトリックスに分けられる。(1)市場浸透，(2)市場開発，(3)製品開発，そして(4)多角化である（図1-7）。多角化には，大きく分けて関連事業多角化と非関連事業多角化の二つのタイプがある。

図1-7　成長ベクトル

1970年代になると，アメリカの多くの企業が多角化を進めていった。そうなると，多角化した個々の事業を評価し，経営資源をどのように個々の事業に振り向けるかという問題が出てきた。個々の事業部は本社からみれば戦略的事業単位（strategic business unit：SBU）とみられた。

ゼネラル・エレクトリック社（GE）はボストン・コンサルティング・グループなどと協力し，プロダクト・ポートフォリオ・マネジメント（PPM）分析と呼ばれる手法を開発した（図1-8）。

① 高成長率・高シェアの「花形」は利益率が高く，資金流入を多くもたらすが，成長のための先行投資も必要とするので，短期的には必ずしも資金創出源とはならない。基本的には「拡大」戦略をとる。

② 低成長率・高シェアの「金のなる木」はシェアの維持に必要な再投資

図1-8　PPM分析

を上回る多くの資金流入をもたらし，資金の必要な他のSBUの資金源となる。戦略としては「現状維持」をとる。
③　高成長率・低シェアの「問題児」は資金流入より多くの投資が必要なSBUで，積極的な投資により「花形」にしていくか，放置して「負け犬」にするかどちらかの戦略をとることになる。
④　低成長率・低シェアの「負け犬」は，収益性は長期的な低水準に置かれるが，市場成長率が低いので資金流出は少なくて済む。戦略としては「撤退」ということになる。

　PPM分析にはいくつかの問題点もあったため，マッキンゼー社によって，縦軸の市場成長率を産業魅力度とし，横軸の相対的なマーケット・シェアを事業強度とし，いずれも3分割としたGEグリッドが考案された。
　ポーター（M. E. Porter, 1982）は，業界の競争要因は五つあり，(1)新規参入の脅威，(2)業者間の敵対関係，(3)代替製品・サービスの脅威，(4)買い手の交渉力，および(5)売り手の交渉力であるという。(1)の「新規参入の脅威」の主なものは七つあり，規模の経済性，製品差別化，巨額の投資，仕入先を変えるコスト，流通チャネルの確保，規模と関係のないコスト面での不利，それに政府の政策である。(2)の「業者間の敵対関係」は，似通った規模の会社がたくさんある，市場の成長が遅い，固定費や在庫コストが高いなどの状況により激しくなる。(3)の「代替製品・サービスの脅威」は，現在の製品と同じ機能の他の製品の出現である。この場合，現在の製品よりも価格に対する性能のよい製品と，高収益業界が生産している製品が脅威となる。
　ポーターによると，競争戦略の基本形は(1)コスト・リーダーシップ，(2)差別化，そして(3)集中である。(1)の「コスト・リーダーシップ」はコスト面で業界で最も優位になることを目的にし，あらゆるコストの削減を目指す。(2)の「差別化」は他社の製品・サービスとは違う何かを作る戦略である。何かというのは技術であったり，ブランド・イメージであったり，顧客サービスであったりする。(3)の「集中」は，特定の買い手，製品・サービスの種類，または特定の地域に経営資源を集中する戦略である。企業はこの三つの基本戦略を環境と経営資源に照らし合わせて選択し，また組み合わせて，競争戦

略を決めることになる。

1-7. 研究開発

シュンペーター（J. A. Schumpeter, 1926）は技術の変化について，斬新的な改善による変化は均衡論的経済学で扱うことができるが，それで扱えない不連続な変化があるとし，それを五つの類型で示した。すなわち，(1)新しい財貨，(2)新しい生産方法，(3)新しい販路の開拓，(4)原料や半製品の新しい供給源の獲得，それに(5)新しい組織の実現である。今日，イノベーションと称されるものである。彼は，新しい異質なものの組み合わせが経済発展や技術革新のための方法の一つであるとし，「新結合」と呼んでいる。

イノベーションがコミュニケーション・チャネルを通して，社会システムの成員間に普及していく過程を明らかにしようとする努力を体系化したのがロジャース（E. M. Rogers, 1982）であり，ここに普及理論ができあがった。彼は，イノベーションを次のように定義した。すなわち，「イノベーションは，個人もしくは他の採用単位によって新しいものと知覚されたアイデア，行動様式，物である。人間行動を問題にしている限り，そのアイデアの最初に使用が行なわれたときや発見されたときからの時間によって測られる客観的な新しさは，重要ではない。」

クリステンセン（C. M. Christensen, 1977）はあるイノベーションで成功した企業は優れた能力を持っているはずなのに，次のイノベーションでは生き残れないという問題を指摘し，これをイノベーターのジレンマと呼んだ。また，企業がイノベーションを起こすには，絶え間のない研究開発活動が必要となる。アバーナシー（W. Abernathy, 1978）はアメリカの自動車産業を例にして，産業内の技術革新の性質と産業の発展段階との関連を調べた。彼によると，産業の揺籃期においては製品イノベーションが中心となり，それが支配的な製品形態（ドミナント・デザイン）が確立すると工程イノベーションが中心となってくる（図1-9）。このような流れで大規模な設備によって生産性が向上していくが，既存設備を無意味に大きくするような大きな製品イノベーションは起こりにくくなる。一方，大きな製品イノベーションが

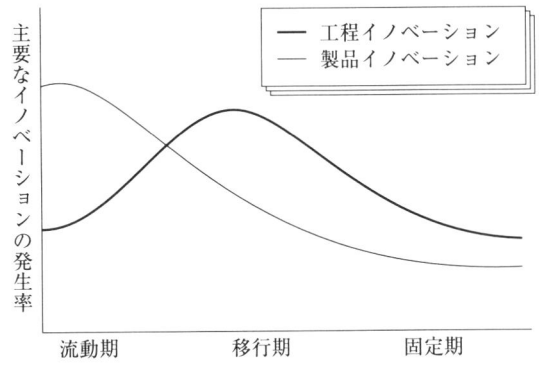

製品	多種多様からドミナント・デザインへ，さらに標準化された製品における漸進的なイノベーションへ
工程	汎用機械と，大きく熟練労働に頼った製造工程から，低い技能の労働者でも使用でいる特別な機械へ
組織	有機的な企業組織から，定型化された仕事と急激なイノベーションに対して報酬を与えないような階層的な機械的組織へ
市場	多種多様な製品と迅速な対応をもった分断された不安定な市場から，ほとんど差別化されていない商品的な市場へ
競争	ユニークな製品をもった多数の小企業から，類似の製品をもった大企業の寡占へ

（出所）J. M. アッターバック著，大津正和・小川進監訳『イノベーション・ダイナミクス』p. 118

図1-9 イノベーションのダイナミクス

盛んに生じるような状況では，大量生産のための大規模設備は導入できないので生産性は低くなる。このように，生産性と革新性にはジレンマが存在し，そのためにアメリカの自動車産業の革新性は低下した，と論じた。

　日本では児玉文雄が，以前よりハイテク技術の開発を技術融合，需要表現などの論理で説明してきたが，事業の展開をリサイクル論として一般化して産業創出と呼び，そのダイナミズムの理論を提示した（図1-10）。

　また，野中郁次郎（1990）は，暗黙知と形式知が相互循環的，補完的関係を持ち，両者の間の相転移を通じて時間とともに知識が拡張していくという組織的知識創造理論を展開した。彼は，トップだけでもボトムだけでもなく，

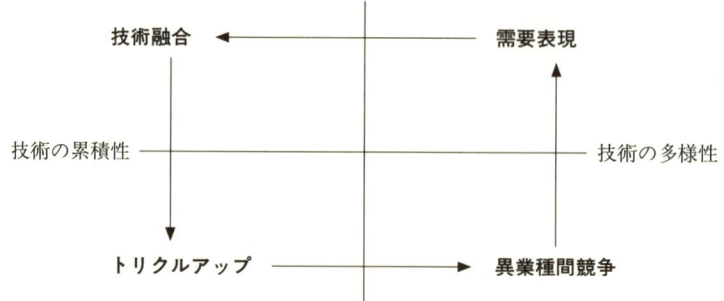

（出所） 児玉文雄・玄場公規編著『新規事業創業戦略』p. 9
図1-10　産業創出・技術進化サイクル

すべての成員が上下左右に働きかけて，組織全体で情報知識を創り，それを組織全体で実現していくことが必要であるとし，ミドル・アップダウン・マネジメントと呼んだ。それは，トップが創り出す壮大で抽象的な概念と，現場が創造する具体的な概念の間にある本質的な矛盾を，ミドルの創る媒介的な概念によって解消していく無限回帰的なマネジメントであるという。

1-8. 製品開発

　企業においては，大学などの研究機関とは異なり研究開発だけでは終わらず，研究開発の成果を製品に結びつけなければならない。新製品となって結実し，市場に投入して収益をあげて初めて意味のあるものとなる。もちろん，社会貢献という見地から，基礎研究を行なったりすることもまったく意味がないわけではないし，遠い将来に製品となることを夢見て先行投資することもあるが，一般的には製品を開発したり新規の事業を作り出すことに企業は価値を見出している。

　製品開発力の指標の一つは開発リード・タイムつまり開発に要する時間の短さである。製品開発をスピード・アップする要因として，主として三つのことが知られている。一つ目は，同時並行開発である。これは製品開発の上流と下流の各フェーズを重複して開発するもので，サイマルティニアス・エンジニアリングともいう。二つ目は，部門横断的なチーム（multi-functional team）の活用である。製品開発中に起きるいろいろな問題は，複数の技術開発部門，生産部門，販売部門などにまたがって生じることが多いため，関係する各部門の人が集まって問題解決することが有効である。三つ目は統合担当者による強力なリーダーシップである。製品開発に成功した企業には，多くの場合，特定の製品概念を創造・具体化し，部門間調整を行ない，開発の全期間にわたり全体を取りまとめる人物がいる。このような人物を藤本隆宏とクラーク（K. B. Clark）は，「重量級プロダクト・マネージャー（PM）」と呼んだ（図1-11）。藤本隆宏（1997）は，開発生産性，開発機関，

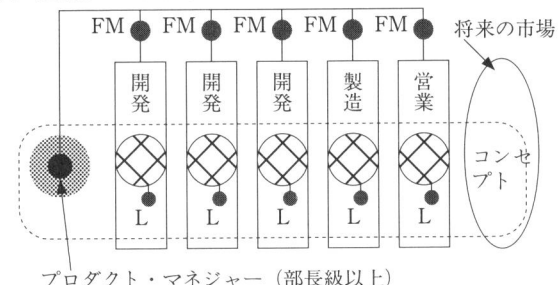

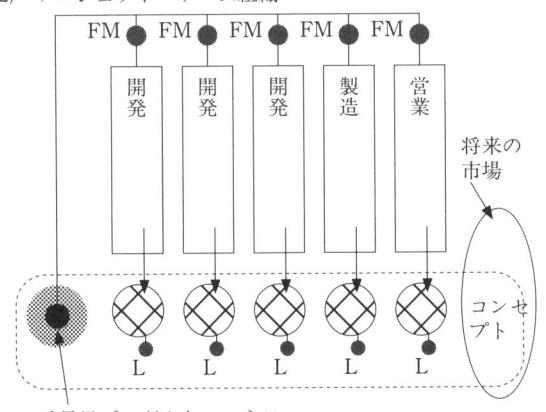

（出所）　藤本隆宏『生産システムの進化論』p. 261

図1-11　開発組織のモデル

製品統合性の3種目すべてでのハイパフォーマンスを同時に達成する開発パターンについて分析を行なったところ，次の3点が明らかになったという。

① 専門化の程度が低いほど開発プロジェクト期間はより短く，開発生産性はより高くなる傾向があった。
② 内的統合者（プロジェクト・コーディネーター）が強いほど開発期間は短くなる傾向があった。
③ 外的統合者（プロジェクト・チャンピオン）が強いほど総合商品力のスコア（製品の統合性）はより高くなる傾向がみられた。

以上の結果から，彼は1980年代の世界自動車産業において，リード・タイム，生産性，総合商品力の3点で好成績を同時に達成した開発組織は，強力な内的統合機能と外的統合機能を結合して製品別の開発リーダーの下に集中させている企業であったと結果づけている。このタイプの強力な内的・外的統合者を，彼は重量級 PM と呼んだのである。

1-9. グローバル戦略

現代の大企業は，本社を置いてある国から外に出て経営活動を行なうことが多くなってきた。ハーバード大学のバーノン（R. Vernon）を中心とする多国籍企業プロジェクトは，1960年代末に『フォーチュン』誌の企業ランキング上位500社のうち，6か国以上に製造子会社を持つ企業を多国籍企業と定義した。概念的な表現をすれば，「大企業のうち多くの国々で海外生産を行なっている企業」といってよい。対象となったのは187社であったが，彼はこれらの企業には次の三つの特徴があることを見出した。

① 多国籍企業は，子会社を共通の支配関係のもとに統括している。
② 多国籍企業は，商標，特許，情報，賃金それに信用などの諸資源を，共通のプールから引き出している。
③ 多国籍企業は，グループ企業の利益とリスクを考慮した共通の戦略を

とっている。

　アメリカの大企業は，国内市場が成長期の終わりになろうとするころから先進国（ヨーロッパの国々）へ輸出を始めた。そして，後にヨーロッパでの現地生産へと進んだ。その後，発展途上国（中南米，アジア）へ輸出するようになり，最後には途上国で現地生産を行なうようになった。
　一方，日本企業は豊富で安価な労働力を生かして，特に繊維産業の企業がアメリカへの輸出を始めた。このことは，他の品目にも拡大していくことになったが，円レートが上昇して輸出が難しくなると，海外での現地生産に取り組むことになる。日本の生産システムを海外へ移転するには生産設備などのハード面と生産管理などのソフト面双方の移転が必要である。移転が難しいのは，後者のソフト面で，その中でもZD運動やTQCなどを含む現場の集団活動であった。しかし，生産管理方式のモジュール化やマニュアル化などにより，ソフト面の移転も可能となっていった。海外子会社が数多く設立されると，企業は多国籍というよりも，世界中で事業を行なうという意味で，グローバルな企業へと発展する。
　バートレット（C. A. Bartlett）とゴシャール（S. Ghoshal）は，グローバル化する企業を三つのグループに分けた。

① 各国の海外子会社の集合を経営する，マルチナショナル企業
② 国際経営を発展させ，戦略や経営の決定権を中央に集中させた，グローバル企業
③ 親会社がかなりの影響力と支配力を持っているがグローバル企業ほどではない，インターナショナル企業

である。その上で，トランスナショナルという新しい組織モデルを提案している。トランスナショナルとは，国籍を意識せずに地球規模で戦略行動をする段階となった企業である。トランスナショナル企業の経営者は，環境条件やチャンスは国によって多種多様であることを承知し，また会社内のそれぞれ違った部署で違った能力が開発されることも認識している。

グローバル化した企業をマネッジするには，親会社から自律した戦略をとる海外子会社の行動を容認するとともに，企業として一体的な行動をとる求心力を強めることが必要である。多様なものが集まると独創性が生まれるという本書のメイン・テーマからすると，多国籍企業あるいはグローバル化した企業は本質的に強みを持っている。バートレットらによれば，「真に多次元的な組織の多様性に正当性を与えることにより，経営者は環境の変化に対応できる柔軟性と多様な戦略能力を基礎として，強い競争力を持つ組織の核をつくりあげることができる。」

第2章

創造性

2-1. 創造性研究

　創造性に関する研究は，わが国では日本創造学会が『創造性研究シリーズ』として全10巻を1996年に刊行し終えてからは，あまり活発には行なわれていないようである。このシリーズでは，各分野における創造性の意味を中心に，子供の学習や科学者の創造性やひらめき，KJ法などの技法，といった研究成果が集大成されている。その後も同学会では，定期的に論文誌を出すなどの活動を続けているが，飛躍的な発展はあまり見られない。経営学の分野では，野中らが「組織的知識創造」という概念を提示し，それを中心に，精力的に研究を続け，「ナレッジ・マネジメント」などに発展しているのは特筆に価する。

　これに対し，欧米における創造性研究のここ10年あまりの間の進展ぶりには目を見張るものがあり，範囲の広さ，裾野の広さは，日本における創造性研究とは比べようもなく大きいと考えられる。たとえば，ランコ（M. A. Runco）とプリツカー（S. R. Pritzker）の編集になる『創造性の百科事典』(*Encyclopedia of Creativity*, 1999. 以下，本書では『創造性百科事典』と呼ぶ) は，Vol. 1 と Vol. 2 あわせて A 4 変形版で1,600ページ以上に及ぶ大作である。これは，科学技術，芸術，経営，心理学，日常生活など，あらゆる分野の創造性にかかわる論文を項目ごとにコンパクトにまとめ，それをア

ルファベット順に配したものである。つまり，欧米では，創造性のみについての百科事典が発行されるほど，各分野で創造性に関心がもたれているということであり，日本とは比べようもないほど創造性研究の裾野が広いのである。

この創造性百科事典の中には，科学史の分野の項目も多くあり，個々の創造的な研究を成し遂げた科学者の伝記ものや，特にノーベル賞などの著名な賞を受けた研究者に関する個別の評論的読み物や伝記ものが書かれている。しかし，そういった創造的な科学者の生い立ちや個性について述べられてはいるが，彼らの共通した特徴に関する研究や，創造的な科学者を生むためにはどうすればよいかについての研究は，ほとんど見あたらない。

これより前，学術月報編集委員会が，1981年に編集した『研究と独創性』は，この問題を多面的な角度から多数の著者が論じた，数少ない貴重な文献の一つである。この本は3章から成るが，第1章は『独創的な研究とは何か』と題する座談会の記録であり，第2章「独創的な科学・技術の振興」では，17人の著者が，科学史の上からみた日本の独創的な科学，独創性の心理，独創性と人格，独創性の開発と日本の教育，日本人と独創性など，幅広く論じている。たとえば，「独創性と人格」では，天才よりも自己実現の創造性についてより多くの関心を持つとされ，「日本人と独創性」では，わが国の大学や研究機関に独創的な研究成果を挙げている人が少ないのは，遺伝的素質が劣っているからではなく，風土や環境が国際的に不満足な状態にあることと，研究者たちのコンプレックスによるという。また，第3章「研究者養成機関」では，哲学的思索能力養成の条件，研究者の自由自在な交流，作文の重要性，研究者は「養成」されるものではない，など11項目にわたって論じられている。

科学史の観点から，独創性について村上陽一郎が一連の研究を行なっている。彼は，独自の見地から科学史を再構築しており，たとえばその著書『近代科学を超えて』の中で，「個人の側の偏差こそ，個人の創造性の極限である，とする議論は肯定できるものではあるが，それにしても，社会と個人を浸す意味空間の存在と，それが個人の創造性に与える必然的関係を全面的に覆すことはできないように思われる」と述べ，さらに「知的慣性は，それを

内に包む意味空間との関連においてはじめて理解されよう。それこそが、いわば社会のもつエネルギーということができる」としている。

　日本の科学者で、優れた業績をあげた人たちが本や講演の中で述べていることの中にも、示唆に富む事柄が多い。たとえば、ノーベル物理学賞を受賞した江崎玲於奈は現在芝浦工業大学学長であるが、平成14年度の同学の入学式告辞で次のように述べている。「私がノーベル賞級の成果をあげることができた秘密の一つは、自己の天性を見出し、それを生かすような育成に努めてきたからである。」彼はさらに、『想像力と分別力』と題し、「われわれの知性は大きく二つに分けられます。一つは、物事を解析し、理解し、判断し、公正に分別する能力（judicious mind）、もう一つは、豊かな想像力と先見性のもとに、新しいアイデアを創造する能力（creative mind）です。分別力は没個性の側面を持ち、既知のものを取り扱うといえますが、創造力は個性的であり、未知への挑戦です。」という。そして、わが国の科学文化は伝統文化（既知のものを対象とした知識力、理解力、分別力を重視）は強いが、モダーン文化（想像力、創造力を重視）は弱く、モダーン文化を高揚させねばならない、と結んでいる。

　また、光通信や半導体の分野の業績で世界的に知られる西澤潤一は、永井道雄との対談の中で、次のように述べている。「創造というのは、奇をてらうことではない。変わっていればいいというものではない。自然科学の場合には、実際、自然現象のなかにそのとおりのことがあるのだということでなければ、これは独創にはなりえない。」さらに、「今の本を読んでいただけでは、本当の意味の創造にはならないのであって、じっさい、実験をしながら自然現象をまさぐっていくというところに創造があるのです。そういう意味で、実験室の中で、自然現象を自分の目で確認しながら道を開いていく、これが学問研究の真髄ではないかと、わたしは思っていた」と述べている。

　創造とは、国語辞典（『岩波国語辞典第5版』）によれば、「人まねではなく、新しいものを自分から作り出すこと」であり、独創とは、「独自の新しい考え、思いつきで、ものごとを作り出すこと」である。第4章の調査では、アンケート票で「創造性」という言葉を用い、第5章以降の調査では「独創性」という言葉を用いたが、両者はほとんど同義である。

2-2. 経営学における創造性研究

経営学における創造性についての研究の主なものとして，まず挙げなければならないのは，野中郁次郎（1990）の研究である。彼は，ポラニー（M. Polanyi, 1966）が提唱した認識論を踏まえ，「知の創造の基本は，暗黙知を形式知に転換させるプロセスである」と述べている。そして，組織にとって有意義な知識は，成員が能動的に関与した暗黙知と形式知の相互作用によって集団全体の中に増員されていくとされる。彼は，その過程でメタファー（隠喩）などによる創造的対話を重視し，トップ，ミドル，ロワーが共振しあう組織において，情報と知識の創造が活発に行なわれるという。また，河野豊弘（1986）は，新製品開発過程を中心に，組織の創造性の規定要因・阻害要因を論じ，プロジェクト・チーム，社内ベンチャーなどの組織構造やリーダーシップのあり方，情報収集とコミュニケーション，さらには失敗の自由等の人事制度などにつき幅広く論じた。このほか，構想としての戦略づくりを論じた加護野忠男（1989）は，創造性の要求される部門の隔離，および事前の知識で合理的と思われないアイデアを許容する仕組みづくりが重要である，といっている。さらに，NASAのアポロ計画に従事したプロジェクト・マネジャー制に端を発したマトリックス組織が提唱され，わが国でも多くの企業がこれを採用している。

創造的な組織の問題は，従業員のモチベーションに大きな関係があるので，人事制度と絡めた議論もなされている。また，企業の創造性は新製品開発にもっともよく表れるが，より大きな「新事業創造」という形でも表れる。この観点からは，トリクルアップ，異業種間競争，需要表現，技術融合という四つの概念をサイクル論によって説明した児玉らの研究が注目される。

創造性百科事典では，経営関係の創造性に関する項目もいくつかある。たとえば，「企業文化（Corporate culture）」の項目では，創造的行動を「新規性があり，価値のある行動ないし結果」と定義している。新規性だけでは創造的とは言えず，価値がなければならないというわけであるが，ここでいう価値は，企業として考える以上，「売れるもの」ということになる。また，

企業文化は，一定のパターンの共有された意味，概念，期待，価値などとして定義され，組織の行為者から規範的な考えと行動を引き出すものとされる。企業文化を作る共有された意味は，三つの次元（内容，強さ，融合の程度）で変化するという。

創造的な文化においては，組織内の適切なステーク・ホルダーが，創造的解決の議論に回答を与えることが期待されている。おそらく，より重要な，うまくいった日常業務をほめる言葉が批評を生むものと期待されているものと考えられる。また，究極的には，創造性にはトップ・マネジメントが責任を持たなければならないとされる。そのくらい，企業にとっても重要な問題なのである。創造性に関しては，さらに，組織のシステムはトップ・マネジメントの言葉と一致しなければならない。たとえば，報償システムは個人のパフォーマンスの利点と創造性に焦点を合わせなければならない。また，個々人に影響力を与え，知的資源を共有する情報技術が導入されなければならない。

さらに，創造的文化を表現し制度化することは，誰にでもできるものではなく，おそらく適任者は2～3人しか見出せないような挑戦的な仕事である。そして，この挑戦的な仕事は非常に重要なものであり，そのことを企業のリーダーは企業内に声を大にして知らせるとともに，自らそれを補強する行動をとらなければならない，とされる。

次に，「革新（Innovation）」の項目をみてみると，創造性（Creativity）は，新しい価値のあるアイデア生起に導く過程であり，革新（Innovation）は，個人，グループ，組織が望ましい変化の達成あるいは不活動の不利益を避けるための行動的，社会的過程とされている。この二つのものの違いは，創造性は新しいことを考えることであるのに対し，革新は新しいことを実行することである。そして，個人レベルの革新，チーム・レベルの革新，および組織レベルの革新の三つのレベルに分け，それぞれに影響を与える要因を挙げている。その結論は，次の4点に集約される。

① 多様性の挑戦

組織の主要な挑戦の一つは，創造性と革新に刺激を与える方法で，近代

的で異質な組織で見通しの多様性を管理・利用することである。従業員の多様性は，見方，態度，技能，考え，推定，パラダイムの多様性をもたらす。それは，最初は不同意を抑え，快適ではないけれども，多様性はなくてはならないものであり，創造性と革新の大きな機会を提供する。
② 革新，学習，内省作用

革新は，リスク・テイキングを含む。また，勇気を必要とする。組織は，だんだんと内省作用を発達させなければならない。内省は，組織，チーム，部門，それに個人が組織の目的，戦略，プロセスを反映し，挑戦しそれに応じて適合させる程度である。
③ 個人，チーム，組織

革新プロセスの知識には相違がある。個人，チーム，組織の各レベルにおける知識を統合する難しさを無視できない。
④ だれもが，創造者，革新者になれる

電子的に管理された組織の21世紀世界では，誰でもが創造者，革新者になれる。この点で，創造的な天才やトップ・マネジメントが主な革新者となるという考えは，すたれるだろう。

企業の中には，個人行動もないではないが，多くの場面で行なわれているのは，グループないしチームの活動である。創造性百科事典には，「グループの創造性（Group Creativity）」という項目と，「チーム（Teams）」という項目がある。前者では，グループの創造性は，グループ内の新しいアイデアの創造，発展，評価，そして促進であると述べられている。以下，この項目の概略を紹介する。

上記のことは，インフォーマルに友人関係，同僚関係あるいは科学研究の研究所や研究開発チームのような組織的なグループ内でも起こりうる。この項目でも，「創造性は，新規性と有用さのあるアイデアの生成だと普通考えられている」と述べられている。この定義は，「企業文化（Corporate culture）」の項目にあったものと，ほぼ同じである。

グループ内の相互作用が主に有益なのは，いろいろな教育のバックグラウンドや専門を持った人が情報や考えを交換することである。個人が，多くの

重要な専門分野を発展させるのは難しい。その結果，情報の結合が必要な創造的進歩は，グループの相互作用や交換の過程を必要とする。企業では，機能が交差したチームは，いろいろな仕事の技術や専門を持った人たちを含んでいる。知性の多様なグループは，ユニークな，あるいは創造的なアイデアを発展させやすい。なぜなら，彼らは多くの異なった知識を結合させる能力があるからである。グループ内の少数意見に耳を傾けることは，グループのメンバーを刺激し，他の仕事やプロジェクトで，より創造的あるいは多様なアプローチができるようになる。発見，または生成するフェーズでは，協働が情報や見方の十分な交換のために決定的である。考えの範囲がいったん提案されれば，いろいろな代替案の発展と促進において健全な競争が起こりうる。

　ある研究チームが，現実の問題に対するアイデアの発達における，チーム・メンバーの人種の多様性の効果を調べた。全員がアングロサクソンの16個のチームと，多様な人種からなる18個のチームの各々によって生まれたアイデアを比較した。多様なチームは，重要で，より実現可能性があり，かつ効果的なアイデアを生み出した。

　「チーム（Teams）」の項目でも，多様性がチームの創造性において，一定の役割を果たしていることが述べられている。なお，ここでいうチームは，グループとほとんど同義だと解される。この項目では，さらに，多くの研究者がチームのパフォーマンスと時間との関係を調べていることも紹介されている。チーム年齢とパフォーマンス・レベルの間には曲線的関係があるようだ。一般的に，チームのパフォーマンスはチーム年齢が3〜4歳の間にピークに達する。そして，その後下降する。これには，二つの大きな理由がある。一つは，チームが古くなるにつれ焦点が狭くなり，専門化していくことである。もう一つは，年齢とともに多くのチームは新しい情報を獲得することにあまり関心がなくなるということである。つまり，成長が止まるのである。

　以上のように，創造性の研究の中には，チームに着目したものがいくつか現れている。そして，チームの多様性が創造性と関連しているのではないか，という見地からの研究もなされている。次章では，経営学の文献の中で，この多様性に関連したものをサーベイする。

第3章

経営学と多様性

3-1. 研究開発と多様性

　かなり古く1966年に，ペルツ＝アンドリュース（D. C. Pelz ＆ F. M. Andrews）が，チームというよりも科学技術者個人に関する研究であるが，『創造性の行動科学』を著わし，科学技術者個人の業績（パフォーマンス）と研究所の組織との関係を論じている。そして，自由性，コミュニケーション，多様性，動機づけ，満足，年齢などさまざまな角度から実証的に研究し，大きくは次の五つの結論を導いた。

① 効果的な科学者は，自己を尊重するが，同時に同僚と活発に交わる。
② 効果的な科学者は，応用の世界と純粋科学の両方の世界に関心を持つ。
③ 効果的な科学者は，興味や関心の点からみて，組織体と完全に一致するものではない。
④ 効果的な科学者は，同僚と同じ種類の事柄によって動機づけられる反面，自己の仕事にアプローチするやり方や戦略の手段において，同僚とまったく異なる。
⑤ 老年の効果的な科学者は，相互に活発に交わり，互いに同僚として好意を抱くが，ある感情的な距離に互いに離れて立ち，技術的戦略の点で意見が食い違うことを何とも感じない。

こうして、生産的な科学者と技術者を作り出す環境を特色づける特徴を、詳しい実証研究に基づいて浮き彫りにした。その中で、10以上の要因について説明しているが、この中で注目されるのは「多様性」と「非類似性」である。

彼らは、多様性に関しては、一般に仕事時間の1/2～3/4を専門に向けるときに業績が最大になること、および科学者が二つから三つの異なった専門分野に従事し、しかも仕事の中に基礎的な問題と同時に応用問題も含まれているとき業績が最高になることを見いだしている。また、類似性については、戦略・アプローチの型あるいは専門経歴の志向が同僚と類似していない科学者は、類似している科学者よりも高い業績を示す傾向にあることを見いだした。多様性については個人についてのもので、単純にチームの多様性に拡大解釈することは難しいが、非類似性は同僚に対するものなので、チーム特性としてみれば「多様性」ということになる。

また、アレン（T. J. Allen, 1979）は、研究開発の仕事の有効性に最も重大な影響を与えるものにはほとんどコミュニケーションの問題が含まれているという。さらに、アイデアの伝達が重要な問題であり、特に科学研究においては組織外とのコミュニケーションが重要だと述べている。そして、実証研究から、研究組織内の他のメンバーよりも外部の専門家との交流が多く、文献などによる知識が豊富で高い成果をあげている人がいることを確認し、その人をゲートキーパーと呼んだ。アレンの研究を異質性という観点から見ると、異質性を組織外から取り込む側面の重要性について述べていると解釈できる。

さらに、タッシュマン（M.L. Tushman, 1977）は、アイデア創出の段階、問題解決の段階、そして実施の段階という三つの段階を区別し、それぞれの段階でのコミュニケーションの重要性について述べている。第1のアイデア創出の段階では、市場のニーズと技術の融合という観点から研究所外、企業外とのコミュニケーションが重要であり、第2の問題解決の段階では、アイデアの技術的問題点の検討・解釈のために研究所内のコミュニケーション、特に異なる専門分野の人とのコミュニケーションが重要であるとする。また、第3の実施の段階では、研究部門と製造・販売などの

部門とのコミュニケーションが重要であるとしている。タッシュマンは，研究開発部門外との関係についても論じており，アレンよりも広い領域を扱っている。

　ウィルソン（J. Q. Wilson, 1996）は，革新の段階を発想，提案，および承認・実施という3段階でとらえた。その上で，第1の発想の段階では，組織の多様性（すなわち職務の多角化）や誘引のバラエティーが豊富なほど有利だとしている。第2の提案の段階でも組織に多様性があると新しい考えの提案が出やすくなるとしている。しかし，第3の承認と実施の段階では，組織の多様性が悪影響を与えることがある，と結論づけている。

3-2. チーム研究と多様性

　1990年頃から経営学，その中でも組織論の分野でチームが強く意識されるようになった。そして，それに関連して多様性が注目され，これをめぐって多くの研究が行なわれるようになった。これらの多様性に関する議論は，多様性が企業の製品開発や新事業展開を企画するにあたって不可欠な創造性や企業のパフォーマンスをもたらす源泉たりうるのではないか，また広くイノベーション（技術革新）をもたらす源泉ではないかという見地から論じられてもおり，そういう意味で多様性が重要なものだと意識されるようになってきたのである。それを大別すると，機能横断的なチームについての研究と，年齢やバックグラウンドなどの異なる多様なメンバーを持つチームに関する研究の二つになろう。

　機能横断的なチームの研究は，アルドリッジ＝スワミダス（M. D. Aldridge & P. M. Swamidass, 1996），デニソンら（D. R. Dennison et al., 1996）などが行なっているが，彼らの研究を総合すると，ハイテク企業の機能横断的なチームは，新製品や新工程を生むようになる。また，ブラウン＝アイゼンハルト（S. L. Brown & K. M. Eisenhardt, 1995）は，機能横断的なチームは新製品の品質を高め，開発期間を短くするという。さらに，クライスラー社の社長であったルッツ（R. A. Lutz, 1994）は機能横断的な新製品開発チームはより速やかに，かつ低コストでよい品質の製品を作り出す，と述

べている。彼が言いたいことは，上流，下流の機能領域から人々を集めると，彼らはお互いにコミュニケートし，そのチームにおいて生み出すべき知識をもたらすということである。

　しかし，機能横断的なチームはマイナス面も併せ持っている（D. Chaudron, 1995など）。すなわち，まずコストが高くなることがある（F. AitSahlia et al., 1995）。それに加え，メンバー達が不満足だったり，気が散ったり，仕事上で強いストレスを経験したりする。合意形成がなされにくくなり，機能部門間で軋轢や誤解も生まれ，共働やチームの結束や一致が形成されにくくなる（A. Donnellon, 1996）。

　ケラー（R. T. Keller, 2001）は四つの会社から合計93の応用研究ないし新製品開発に携わるチームを対象に，実証研究を行なった。四つの会社は，エネルギー，化学，航空，電子と多彩で，合計646名が参加した。しかも1回の調査の後1年後にもう1回調査を行ない，品質，納期，コスト，それにチームの結束を測定し，九つの仮説の検証を行なった。その結果，チーム内の機能の多様性は，外とのコミュニケーションを通して間接的ではあるが，品質，納期，コストのいずれに対しても，好影響を及ぼすことなどを見いだした。しかし，彼もまた，機能の多様性は仕事上のストレスを通じて，チームの結束に間接的に悪影響を及ぼすことを示している。

　以上のような研究から，機能横断的なチームは，品質や納期，新製品といった技術的な面ではプラスの効果を生み，ストレスや結束といった人間的な側面についてはマイナスの影響を与えることが分かる。チーム・メンバーの多様性を論ずるとき，欧米特にアメリカでは，人種やジェンダーの問題を扱うことが多い。それに加え，社会的階層，家庭環境，教育，社会構造，疾病，宗教，言語といった文化的な諸側面についての多様性も意識されている。アメリカは人種のるつぼであり，上記のような各側面での多様性が国や州・都市としても，また企業の中でも大きな問題なのである。

　ハリソンら（D. A. Harrison et al., 1998），ラウ＝マーニガン（D. C. Lau & J. K. Murnighan, 1998）などの研究を総合すると，年齢，性別，人種などの多様性を持ったチームはよい結果を出せる反面，そのメンバーは同質的なチームのメンバーより結束力や職務満足度が低くなり，仕事によるストレ

スも高まる。その反面，同質的なメンバーが集まったチームは人間関係や信頼，コミュニケーションが良好で，チーム内の結束を形成しやすい。この結論は，機能の多様性について述べたプラス・マイナス両面とほぼ同様であると言える。

ゼンガー＝ローレンス（T. R. Zenger & B. S. Lawrence, 1989）はエレクトロニクス企業について研究し，その結果，年齢がばらついていることと技術的コミュニケーションとの間には関連があることを示した。彼らは，チーム内の年齢がばらついていると，技術的なコミュニケーションは増えるという。しかし，チーム外との技術的なコミュニケーションは，逆に少なくなることが分かったという。また，アンコーナ＝コールドウェル（D. G. Ancona & D. F. Coldwell, 1992）はハイテク企業の45の製品開発チームを対象にした研究により，チーム外の人とのコミュニケーションがコスト，スケジュールに好影響を与える反面，技術革新には悪影響を与えることが分かったという。

ジェーンら（K. A. Jehn et al., 1999）は，さまざまな方法で92のチームを調査し，三種類の多様性（社会的カテゴリーの多様性，価値の多様性，および情報の多様性）と，二つのモデレーター（仕事のタイプと，仕事の相互依存）が，チームの成果に及ぼす影響を調べた。その結果，情報の多様性は，仕事上の対立に媒介され，チームの成果に明確な影響を与えた。一方，価値の多様性と社会的カテゴリーの多様性が，この影響を和らげた。また，社会的カテゴリーの多様性はメンバーの士気に影響を与え，価値の多様性は満足感やチームへの献身を減らした，という。

また，ベルビン（R. M. Belbin, 1981）は，チーム内でのメンバーの役割を提案し，それを用いて，成功したチームと成功しなかったチームを比較した。彼が提案した八つの役割は，チームが成果を出すために必要なバランスとシナジーを確かなものにしている。(1)会社に忠実な人，(2)座長的な人，(3)立案者，(4)建設型の人，(5)資源探求型の人，(6)評価者，(7)穏やかなチーム労働者，(8)まとめ役，の八つである。その上で，チーム・メンバーの多様性はプラスの要因であるとしている。

なお，オルソンら（E. M. Olson et al., 1995）は，12社の中から45チーム

を調査した。そして，参加的な構造をとっているチームは革新的な製品を生むのに適しており，官僚的な構造をとっているチームは革新の求められない製品を生むのに適していることを見出した。

　以上のように，チームに関する研究は，欧米において非常に多く行なわれており，種々の興味深い知見が得られている。

3-3. 多様性のマネジメント

　経営の現場においても，多様性をどうマネッジするかということは大きな問題であり，この観点からも数多くの研究が行なわれ，また，種々の提案がされている。

　まず，ダビッドソン（M. J. Davidson, 1992）は，女性のキャリアに関するガラスの天井効果（管理職への昇進を阻む，無形で目に見えない人種的ないし性的偏見のこと）を取りあげ，クーパー（G. L. Cooper）とともに職場における女性の地位について論じている。この研究では，女性のみならず，少数民族についても触れられている。そして，ガラスの天井効果は女性労働者の意欲を損なわせるということを，管理者に教えている。

　また，トマス＝エリー（D. A. Thomas & R. J. Ely, 1996）は，組織の学習，成長，刷新において，多様性の効果を最大限に引き出すための条件を八つ提案している。

① 多様な労働力は，異なった見通しや仕事のとりかかりを統合し，また，いろいろな意見に価値を見出す。このことをリーダーは理解しなければならない。
② いろいろな見通しを表現することが，組織のために与える機会や挑戦につながることを，リーダーは認めなければならない。
③ 組織文化は，高い水準のパフォーマンスの期待を作らねばならない。
④ 組織文化は，人事部門を刺激しなければならない。
⑤ オープンな組織文化が必要である。
⑥ 労働者が価値あるものと感じる組織文化でなければならない。

⑦ 組織文化は、うまく表現され広く理解された使命を持たなければならない。
⑧ 組織は、平等主義の構造をしていなければならない。

そして、カートライト（R. Cartwright, 2002）は多様性のマネジメントを有効なものにするための10の段階を提案している。

① 組織の文化を知ること
② 地域や国の文化を見いだすこと
③ 従業員個人やチームの文化を理解すること
④ ビジネスの性質を理解すること
⑤ 自分自身を理解すること
⑥ 敏感であること
⑦ 多様性を促進すること
⑧ 公平と平等
⑨ 偏見に反対する教育をすること
⑩ 差別に反対する行動を取ること

前節でも述べたように、欧米、特にアメリカの「多様性」を論じている文献の多くは、人種とジェンダーの問題を扱っている。しかし、中には、この二点も含め性格や専門分野など、いろいろな意味での多様性を扱っているものもあり、そのマネジメントに関するガイドラインを示す文献には、特に実務面での応用という意味で学ぶべき点が多い。

日本では、榊原清則（1995）が、日米のコンピュータ企業6社を調査し、アメリカの技術者集団の異質性の高さと、日本の技術者集団の同質性の高さを改めて確認している。この比較から、日本企業の課題は、同形化プレッシャーを克服し多元的（つまり異質な要素からなる）・個性的・開放的な組織を創造していくことである、としている。

以上のような既存研究はあるものの、研究開発チームの独創性と異質性や多様性との関係を正面から取り上げ、製造企業の研究開発現場に踏み込んで、

1,000人規模の研究所の全数調査を試みた例はほとんど見あたらない。本書ではさらに一歩進めて，日本の中での異質性や多様性が独創性という成果につながるか，またどのような多様性が効くのかを後の章で分析する。

　ここで筆者が多様性と言っているのは，知識や考え方，経験などがまったく違う，あるいは大きく違うという意味ではない。米国と日本の比較というような場合は，そのように大きく異なっているものを比較していることが多い。これに対し，筆者が考えているのは日本の中での異質性であり多様性である。日本の文化では「他人と同じことをやっていれば安心」といった考え方をする者が多いのに対し，米国では「他人と同じことはやりたくない」という考え方をする者が多い。日本の同質性を好む文化の中で，どのような多様性ないし異質性を取り入れるべきなのか，というのが筆者の関心の中心である。しかも，第5章以降でアンケートおよびインタビューの対象としたのはＡ社およびそのグループ企業のみである。日本の同質性の中でも，一つの企業（グループ）に限った分析を行なっているわけで，「日本の中」よりも同質性の程度はさらに高い。その中で，どのような異質性ないし多様性を取り入れるべきなのかを論じている。異質性ないし多様性を論じる単位は5人とか10人とかのチームである。

第4章

組織文化と創造性

4-1. 国民文化と組織文化

　ホフステッド（G. H. Hofstede, 1980）は多国籍企業アイ・ビー・エムにおいて，40か国にまたがっている約11万人を対象とする調査から，文化の国際比較を行なった。その結果，国民文化に四つの次元が現れたという。

　第一は権力格差（power distance）の大小である。権力格差とは，上司と部下の間の権力格差のことで，「上司が部下の行動を規定することができる程度の差である」と定義されている。分かりやすく言えば，部下が上司をどの程度脅威と感じるかである。

　第二は，個人主義対集団主義の次元である。個人主義（individualism）を特徴とする社会では個人と個人の結びつきはゆるやかで，人はそれぞれ自分自身と肉親の面倒をみればよい，とされる。集団主義（collectivism）を特徴とする社会では，人は生まれた時からメンバー同士の結びつきの強い内集団に統合される。内集団に忠誠を誓う限り，人はその集団から生涯にわたって保護されるという。

　第三は，男性らしさ対女性らしさである。男性は昇進と収入を重視し，自己的で，女性は対人的側面，サービスの提供，物理的環境を重視し，社会的であるという。

　第四は，不確実性の回避の強弱である。この指標には次の三点に強い関係

を持っている。(1)仕事上でストレスを強く感じるかどうか，(2)規則志向かどうか，(3)長期勤続を望んでいる社員が多いかどうか。

これらの指標を用いてホフステッドは40か国の文化比較を行なっているが，11万人という調査データの膨大さにもかかわらず，IBMの社員のみの集団であり，例えば，高橋（1997）も言うように，日本IBMが何らかの意味で日本を代表しているとは思えない。ホフステッドの研究は国民文化そのものではなく，多国籍企業は事業所を置いている国の文化の影響を受けつつも，ゆるぎない組織文化を持っていることを示唆していると解釈したほうがよさそうである。

シャイン（E. H. Schein, 1985）は，多国籍企業ではかなり異なる各国の文化の中でも驚くほど似通った方法でことを進める現象があることに気づき，次のような認識に達した。すなわち，組織文化はリーダーによって創造されるのであり，リーダーシップの最も決定的な機能の一つが組織文化の創造，マネジメント，そして破壊が必要になったときはその破壊だというのである。

4-2. 日本企業における創造性に関する調査

組織のパフォーマンスと組織の創造性および活性度との関係を分析するため，1991年10月に，東京証券取引所第一部に上場している製造業に属する企業のうち，各業種につき業種ごとの売上の上位企業の6割，計413社にアンケート調査票が筆者により送られた。約2週間後に回答期限を設定し調査依頼を行なったところ，140社から回答が得られた。回収率は33.9％であった。なお，回答は15の業種（日本経済新聞社の株式欄の分類による）のすべてにつき得られた。調査票は，A：企業用と，B：事業部用の2部でワンセットとした。A：企業用については，会社全体を代表して回答できる方に記入を依頼した。またB：事業部用については，その企業の代表的な事業部をその企業に選んでもらい，その事業部を代表して回答できる人に記入を依頼した。なお，対象企業が事業部制をとっていない場合には，製造，開発，販売の各部門からなる単一の事業のうち，代表的なものを「事業部」とみて答えてもらうこととした。調査依頼の宛先は，経営企画部門の人が中心であった。そ

してその人からＡ：企業用アンケート，Ｂ：事業部用アンケートのそれぞれを記入するのに適当な人に回付してもらい，記入後回収・返送してもらった。

検証の対象として，設定した仮説は次の二つである。

仮説1）組織の創造性が高まると，企業のパフォーマンスがよくなる。
仮説2）組織の活性度が高まると，組織の創造性が高まる。

なお，組織が活性化した状態とは，高橋（1989a）に従い次の定義を用いた。すなわち，「組織のメンバーが，①組織と共有している目的・価値を，②能動的に実現していこうとする状態」である。そして組織の創造性を個人の創造性と狭義の組織の創造性から成るものと考えた。ここで，狭義の組織の創造性は「新製品を生み出すことのできる組織全体としての能力」であり，個人の創造性は，「個人が新製品開発につき貢献しうる能力」と定義する。ここで「貢献」とは，新しいアイデアを出すことと，新しいアイデアは出さないが媒介者の役割をすることとの双方を含むと考えることにした。

(1) **分析の手順**
① **活性度と創造性の測定**

活性度については活性化した状態に関する10の質問と，「活性化していると思うか」とする活性度そのものについての質問一つの，合わせて11の質問を用意した。創造性の測定については，論理的に考えられる11の質問項目により行なうことにした（表4-1）。11項目のうち4項目が個人の創造性についてのものであり，残る7項目が狭義の組織の創造性についてのものである。（以下では，それぞれの質問項目の番号を尺度番号として用いている。たとえば，創造性尺度1というのは，創造性に関する質問項目1を指している。）

② **パフォーマンスの定義**

企業が活性化し創造性を発揮した結果は，企業のパフォーマンスに反映されると考えられる。事業部用の質問票では，パフォーマンスを測る尺度として次の四つを用いた。

表4-1 創造性と活性度の質問項目

概念	次元	質問項目（＝測定尺度）
組織の創造性	個人の創造性	1．新製品開発について，新しいコンセプトを自ら提出できる人の多さ 2．コンセプトを新製品に具体化するアイデアを自ら提出できる人の多さ 3．一つの他人のコンセプト，アイデアを受け止め，よりっそう発展させる人の多さ 4．二人以上の人々のコンセプト，アイデアを融合させ自ら新しいコンセプト，アイデアを生み出す人の多さ
	狭義の組織の創造性	5．コンセプト，アイデアを持った人々を接触させることにより新しいコンセプト，アイデアが生じる状況を作れる人の多さ 6．他人を外部と接触させそれを通じ新しいコンセプト，アイデアが出やすいようにすることのできる人の多さ 7．他人にヒントを与える〔例：メタファー（隠喩）を用いる〕ことにより他人に新しいコンセプト，アイデアを出させることのできる人の多さ 8．他人に議論を仕掛けることにより新しいコンセプト，アイデアを提出させることのできる人の多さ 9．他人を過去のコンセプト，アイデアに接触させることによりその人に新しいコンセプト，アイデアが出やすいようにすることができる人の多さ 10．既成の概念にとらわれないで思考することを奨励する人の多さ 11．他人がコンセプト，アイデアを出そうとしているのを，つぶしに回る人の多さ
組織の活性度		1．成員が能力・個性を十分発揮しているか 2．成員が創造力を発揮しているか 3．成員が仕事に充実感を感じているか 4．成員が意欲的で生き生きしているか 5．成員が積極的に新しい試みを取り入れているか 6．各職務が全体として統合され，事業部の業務が円滑に進められているか 7．コミュニケーション，連携プレー，チームワーク 8．成員の多くが事業部の目標に貢献しているか 9．事業部の目標が達成されつつあるか 10．成員が市場ニーズに敏感で素早い対応が可能か 11．事業部が活性化しているか

1．品目数で見た新製品の比率（事業部の全品目数に対する新製品の品目数の比率）
2．売上高で見た新製品の比率（事業部の全売上高に対する新製品の売上高の比率）
3．事業部の新製品が，事業部の売上高にどの程度貢献したか
4．事業部の新製品が，その製品分野で，どの程度事業部のシェア・アップに貢献したか

③ 創造性の尺度とパフォーマンス・メジャーとの関連

創造性を測定する11の質問項目のおのおのと，四つのパフォーマンス・メジャーのそれぞれとの関連を調べた。

まず，創造性を測定する各質問項目を平均以上の企業と，それ未満のグループに分け，第1のパフォーマンス・メジャー（品目数で見た新製品の比率）および第2のパフォーマンス・メジャー（売上高で見た新製品の比率）につき，平均値の差の検定（t検定）を行なった。さらに，第3のパフォーマンス・メジャーと第4のパフォーマンス・メジャーについて，創造性の各尺度とカイ2乗検定を行なった。それらの検定から，創造性尺度1～3は，すべてのパフォーマンス・メジャーと強い関連を持つが，創造性尺度4～11は，それほど強い関連を持たないことが分かった。そこで，以後は，創造性尺度1～3を分析の中心とすることとした。この段階ですでに組織の創造性の存在を否定してしまうもののように見えるかもしれない。しかし，組織の創造性は筆者が当初に想定した創造性尺度5～11よりも複雑な現象である可能性があるので，とりあえず上の定義を採用することとした。

また，パフォーマンス・メジャーについては，第1のパフォーマンス・メジャー（品目数で見た新製品の比率）を中心に分析することとした。活性化し創造性が発揮されて新製品開発に結びついたとき，直接的に影響が出るのが新製品の品目数であると考えられるからである。このパフォーマンス・メジャーを，以下「新製品比率」と略称する。売上高で見た新製品の比率の増加や，売上高アップ，シェア・アップは2次的な影響によると考えられる。

創造性と活性度は，おおいに関連があると考えられる。事実，創造性尺度

1〜3の合計得点と，活性度尺度1〜10の合計得点との相関係数は0.60であった。

さて，先に創造性については創造性尺度1〜3を分析の中心とすることとしたが，それらを単純に加えたものを用いて分析を行なった。単純に加えたものを用いてよい理由は，次のとおりである。まず，創造性に関する質問項目1〜3につき，主成分分析を行なった。ここで，第1主成分の寄与率が第2主成分以下を大きく引き離していたことから第1主成分に着目し，その固有ベクトルを見ると三つの質問項目につきほぼ同じ値となっていたからである。

④　活性度

活性度についての質問項目は11個ある。最後の1項目は，事業部が活性化しているかどうかをストレートに聞いたもので，これを除く10項目が活性度の具体的質問項目である。そこで，活性度に関する質問項目10項目につき主成分分析を行ない，創造性について行なったと同じ手順により，活性度については質問項目1〜10を加えたものを尺度にすることとした。

⑤　変数の限定

次に，リーダーシップ・パターン，組織文化・価値，組織構造等の各変数のカテゴリーごとに変数を限定する作業を行なった。いずれも抽象的コンセプトであるため，いくつかの質問から少数の尺度に絞り込む必要があると考えたからである。

　a）創造性尺度と各項目とのカイ2乗検定

　　創造性尺度1〜3を加えたものを，以下，創造性と呼ぶ。創造性と，すべての質問項目のおのおのとの間でカイ2乗検定を行ない，有意性の高い項目を抽出することにした。検定は10％水準で行なった。

　b）因子分析

　　次に，抽出した有意性の高い項目について因子分析を行なった。ただし，例外的に因子分析を行なわず，質問項目の回答をそのまま用いたものもある。この段階で残った変数は，表4-2のとおりである。「積極的リーダー

表4-2 変数リスト

	変　数	備　考
1	創造性	創造性尺度1～3の合計得点
2	活性度	活性度尺度1～10の合計得点
3	積極的リーダーシップの因子	
4	戦略・目標因子	リーダーシップ・パターンの3因子
5	リーダーシップ・バックアップ因子	
6	チャレンジ精神の因子	組織文化・価値の2因子
7	合理性重視の因子	
8	ゆらぎ因子	ゆらぎの1因子
9	業績主義人事の因子	人事・異動・採用の1因子
10	情報共有の因子	情報共有の1因子
11	情報システムの因子	情報システムの1因子
12	相互作用の因子	自律的相互作用の各因子
13	自律性の因子	
14	組織プロセス（意思決定の迅速性）	一つの生データ
15	組織構造（プロジェクトチーム）	一つの生データ

表4-3　組織文化・価値に関する質問項目の因子分析結果

(a)　固有値

	第1因子	第2因子	第3因子	第4因子	第5因子	第6因子
固有値	4.614	1.183	0.866	0.798	0.739	0.645
累積寄与率	0.419	0.527	0.605	0.678	0.745	0.804

(b)　因子負荷量（バリマックス回転後）

質問項目	第1因子 （チャレンジ精神）	第2因子 （合理性重視）
チャレンジ精神	0.637	0.536
失敗の許容	0.646	0.401
対立の解決か回避か	0.635	0.167
異端尊重	0.595	0.329
能力か権限か	0.711	0.249
主体的行動か協調性か	−0.704	0.145
長い目で見る傾向か	0.683	0.200
合理性重視	0.019	0.689
成功体験の伝承	0.314	0.697
組織目標達成重視	0.097	0.662
自由な提案	0.414	0.596

シップの因子」,「戦略・目標因子」,「リーダーシップ・バックアップ因子」は,リーダーシップ・パターンに関する質問項目のうち,創造性とカイ2乗検定の結果有意であるものについて因子分析を行なった結果,抽出された因子である。リーダーシップ・パターンについての質問項目は15個あり,このうち,創造性とカイ2乗検定の結果10％以上の水準で有意であったものが11項目あるが,これらのうち,やや異質な「押しつけ型か示唆型か」を除く10項目につき因子分析を行ない,三つの因子を抽出したものである。なお,ここでは,バリマックス回転後の因子負荷量によった。「チャレンジ精神の因子」と「合理性重視の因子」は,組織文化・価値に関する質問項目につき,同様の分析を行なった結果得られたものである（表4-3）。

意思決定の迅速性は,組織プロセスに関する質問項目がこれだけであったため,生データをそのまま用いることにした。また,組織構造に関するすべての質問項目のうち創造性とカイ2乗検定の結果有意であったものは,プロジェクト・チームに関する質問項目のみであったため,これについても生データをそのまま用いることにした。「ゆらぎ」,「業績主義人事」,「情報共有」,「情報システム」の各因子は,それぞれ抽出された1個の因子である。「相互作用の因子」と「自律性の因子」は,自律的相互作用の因子分析を行なった結果抽出された因子である。以上の結果,表4-2に示した変数が得られたものである。

⑥ パス解析

まず,表4-4の変数間の相関係数を算出した。分析の枠組を設定してパスダイアグラムをモデル化し,パス解析を行なった。回帰分析の標準回帰係数(Standardized Estimate)で,パス係数を知ることができる。手順は,以下のとおりである。さきに因子分析の結果抽出した各因子を中心に15個の変数を残したが,それらを説明変数とし,新製品比率を被説明変数として回帰分析を行なった。具体的な説明変数としては,表4-2に示したように,創造性については創造性尺度1～3の得点の合計を用い,活性度については同様に10項目の得点の合計を用いた。また,組織プロセスと組織構造については

第4章　組織文化と創造性

表4-4　変数間の相関係数

	新製品比率	創造性	活性度	積極的リーダーシップ	戦略・目標	リーダーシップ・バックアップ	チャレンジ精神	合理性重視	ゆらぎ	業績主義人事	情報共有	情報システム	相互作用	自律性	組織プロセス	組織構造
新製品比率																
創造性	0.189															
活性度	0.127	0.603														
積極的リーダーシップ	-0.060	0.496	0.530													
戦略・目標	0.104	0.272	0.356	0.000												
リーダーシップ・バックアップ	0.277	0.311	0.438	0.000	0.000											
チャレンジ精神	0.100	0.322	0.536	0.372	0.052	0.374										
合理性重視	0.050	0.443	0.609	0.369	0.298	0.310	0.000									
ゆらぎ	0.253	0.387	0.539	0.424	0.146	0.277	0.487	0.382								
業績主義人事	0.194	0.365	0.404	0.311	0.099	0.171	0.302	0.271	0.260							
情報共有	0.038	0.430	0.654	0.398	0.360	0.280	0.368	0.522	0.436	0.317						
情報システム	0.018	0.380	0.330	0.257	0.174	0.116	0.119	0.368	0.194	0.204	0.364					
相互作用	0.123	0.378	0.598	0.416	0.246	0.206	0.304	0.467	0.361	0.302	0.621	0.330				
自律性	0.128	0.402	0.383	0.168	0.240	0.355	0.281	0.283	0.319	0.284	0.327	0.246	0.000			
組織プロセス	0.160	0.451	0.637	0.271	0.214	0.321	0.335	0.423	0.473	0.315	0.474	0.225	0.451	0.377		
組織構造	-0.068	0.327	0.249	0.247	0.123	0.097	0.127	0.283	0.248	0.145	0.283	0.473	0.372	0.238	0.237	

注）□　創造性との間の相関係数の絶対値が0.4以上．
　　■　上記以外で相関係数の絶対値が0.5以上．

生データの得点を用いた。そして、その他の組織要因については、因子分析によって得られた1～3個の因子の因子得点を用いた。その結果回帰係数の有意確率が0.15より小さいものを残したところ、次の6個の変数が残った。

1. 創造性
2. 積極的リーダーシップ
3. ゆらぎ
4. 情報共有
5. 相互作用
6. 組織構造

ただし、創造性と活性度が深い関係にあることから、上記6変数のほか活性度および活性度との間の相関係数の大きい変数をモデルに取り込むこととした。そこで、相関係数の表（表4-4）を作り、活性度との間の相関係数の絶対値が0.5以上の変数を抽出した。この表の活性度の列で網かけしたところがそれである。すなわち、「積極的リーダーシップの因子」、「チャレンジ精神の因子」、「合理性重視の因子」、「ゆらぎ因子」、「情報共有の因子」、「相互作用の因子」および「組織プロセス」の七つである。これらを合わせると（重複もあるので）、10変数が残った。これが、第1のモデルである。

この結果、回帰係数の有意確率が0.20以上の変数（活性度、チャレンジ精神、合理性重視、組織プロセス）は、新製品比率の説明モデルからは除くこととし、この4変数を除いて回帰分析をやり直した。

第2・第3のモデルは、活性度・創造性をそれぞれ被説明変数とするモデルである。活性度の説明変数は、相関係数の絶対値が0.5以上の6変数である。また、創造性の説明変数としては、創造性との相関関数の絶対値が0.4以上の変数を考察の中に入れることにした。「活性度」のほか、表4-4で2重線で囲んだ箇所に該当する5変数がそれである。すなわち、「積極的リーダーシップの因子」、「合理性重視の因子」、「情報共有因子」、「自律性の因子」および「組織プロセス」である。また、情報共有と合理性重視、相互作用と情報共有の各相関係数が、0.5以上と大きな値となった。これによるも

第4章 組織文化と創造性　47

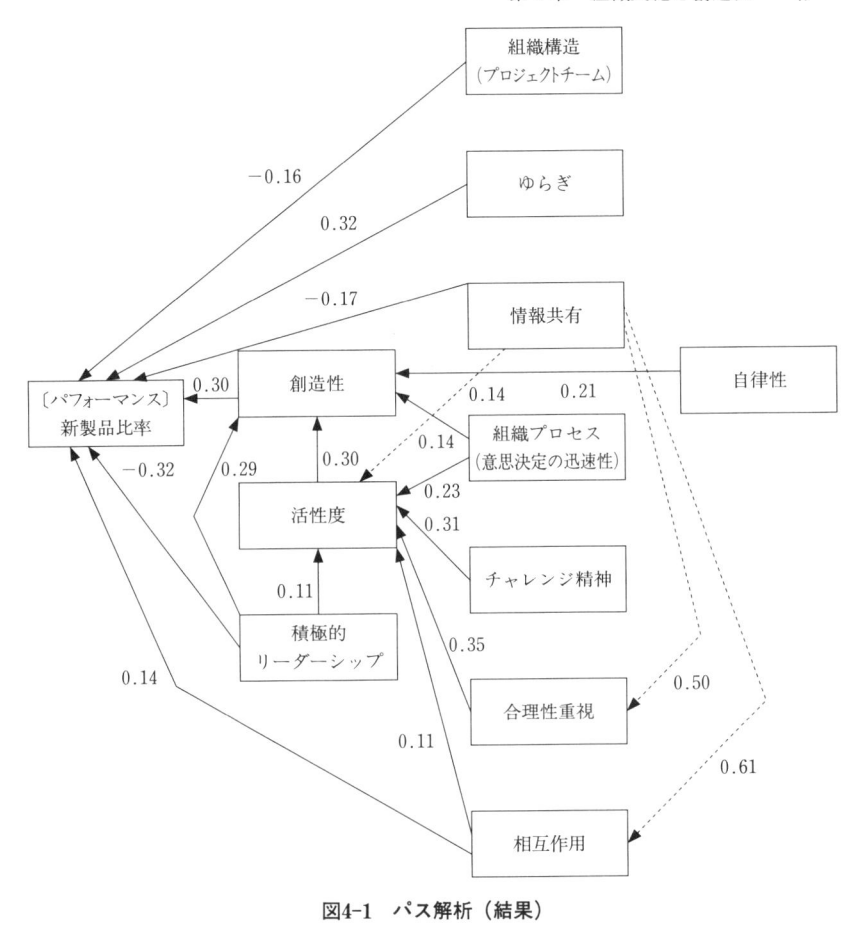

図4-1 パス解析（結果）

のが，第4，第5のモデルである。以上のそれぞれのモデルにて，回帰分析を行なった。

今まで述べてきた手順により得られた標準回帰係数をパスの上に記すと，図4-1のようになる。

⑦ 解釈

全体としては，満足できる結果が得られた。まず，創造性からパフォーマンス（新製品比率）へのパスがあり，パス係数が0.30と大きな値になってい

る。よって，ここでの創造性の定義の範囲内ではあるが，

仮説1） 組織の創造性が高まると，企業のパフォーマンスがよくなる

が証明された。これを，以後「命題1」と呼ぶこととする。次に，活性度から創造性へのパスがあり，パス係数が0.30と大きな値となっていることから，

仮説2） 組織の活性度が高まると，組織の創造性が高まる

が証明された。これを，以後「命題2」と呼ぶこととする。
　さらに，このパス解析結果から，次のことが分かる。第一に，チャレンジ精神，合理性重視，積極的リーダーシップ，組織プロセス，情報共有，相互作用の六つの組織要因が活性度に影響を与えている。そして，これらは命題2により，さらに創造性にも影響を与えている。
　第二に，創造性に直接的な影響を与える組織要因として，活性度（命題2）のほか，積極的リーダーシップ，組織プロセス，自律性がある。
　第三に，創造性あるいは活性度に直接的な影響を与える組織要因のうち，特に積極的リーダーシップ，チャレンジ精神，合理性重視の役割が大きい。これらの（積極的リーダーシップも含めた）組織文化要因が活性度・創造性に影響を与えて，それが間接的にパフォーマンスに影響を与えている。
　以上が図4-1のパス解析結果に基づいた解釈である。これから分かるように，組織構造，ゆらぎについては，活性度・創造性に与える影響は今回の分析に関する限りいずれも明示的には現れず，活性度や創造性に大きな影響を与えているとは言えないということが分かった。また，人事と情報システムについては，当初創造性に直接・間接に影響を与えるものと考えていたが，今回の基本的な分析の結果ではこれらの変数は登場せず，あまり影響していないことも分かった。全体としてパスを見たとき，理論的にもほぼ妥当なものと言える。ことに創造性および活性度へのパスは，因果の方向を総合的に考えたときすべて納得できるものである。

(2) 組織文化のタイプごとのパス解析

今まで述べてきたものを基本的なパス解析とし，このほかに組織文化を二つにタイプ分けしてそれぞれにつき同様の手順でパス解析を行なった。基本的なパス解析結果により，活性度に対し組織文化の因子であるチャレンジ精神および合理性重視が大きな影響を与えていることが分かったことから，

① チャレンジ精神の因子得点が正で，合理性重視の因子得点が負の企業 と
② 合理性重視の因子得点が正で，チャレンジ精神の因子得点が負の企業

につき分析を行なった。前者をチャレンジ精神型の文化の企業，後者を合理性重視型の文化の企業と呼ぶことにする。なお，このタイプ分けは，明確に2群に別れるというわけではないが，因子得点による一応の分類を試みたものである。チャレンジ精神型の文化の企業，および，合理性重視型の文化の企業につきパス解析を行なった結果をそれぞれ図4-2，図4-3に示す。なお，これらの図では創造性と活性度へのパスを除き省略してある。チャレンジ精神型の文化の企業と合理性重視型の文化の企業とを比較すると，次のことが言える。

まず第一に，当然のことではあるが，チャレンジ精神の因子と合理性重視の因子を見ると，チャレンジ精神型の企業ではチャレンジ精神の因子が，合理性重視型の企業では合理性重視の因子が活性度によく効いている。第二に，活性度への効果の合計は，チャレンジ精神型の企業（1.20）と合理性重視型の企業（1.11）ではほぼ同じであり，諸要因合計の影響度合は変わらないと言える。しかし，第三に，合理性重視型の企業においてはチャレンジ精神型の企業と異なり，活性度が創造性に結びついていない。第四に，創造性への間接効果も入れた効果の合計は，チャレンジ精神型の企業で大きく（1.19），合理性重視型の企業では小さい（0.35。自律性からのパスのみ）。すなわち，諸要因合計の創造性への影響度合は後者では小さい。活性度への影響度合は両タイプでほぼ同じでも，創造性への影響度合は大きく違ってきているのである。そして，第五に，チャレンジ精神型の企業では積極的リーダーシップ

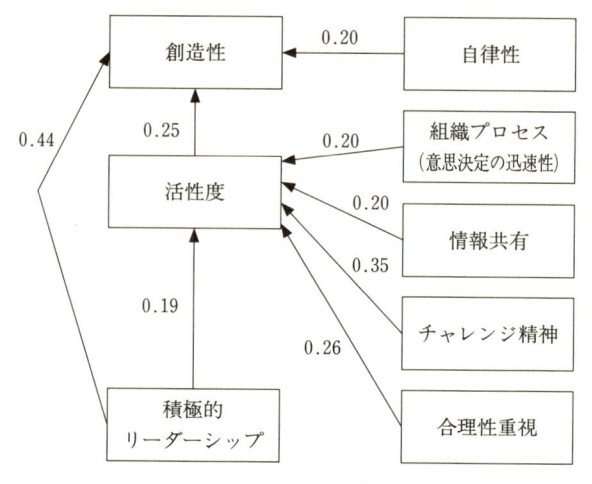

図4-2 チャレンジ精神型のパス解析

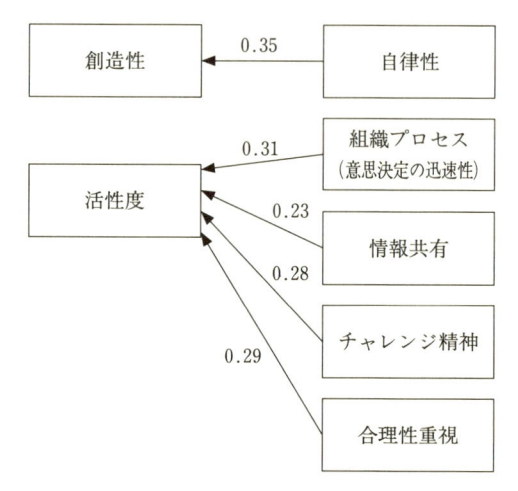

図4-3 合理性重視型のパス解析

の因子が創造性,活性度の双方に影響を与えているが,合理性重視型の企業ではいずれにも影響を与えていない。

　以上のように,チャレンジ精神型の文化の企業と合理性重視型の文化の企業では,活性度への影響は同じでも創造性への影響となると,かなり大きな差が出るのである。

(3) **本章の結論**

　組織の創造性と活性度との結びつきがかなり大きいことが，相関係数（0.60）からも，また最終的なパス係数（0.30）から見ても知ることができる。そこで，創造性と活性度を一体と見て広義の活性度ないし創造性と呼んでみることもできよう。本研究では，先に述べたように三つの質問項目の得点を合計したものを創造性の尺度としたが，もとより組織の創造性はこのような単純なものではない。活性度はもちろん，他の組織の諸要因と複雑に絡み合っているものであろう。

　本研究により得られた基本的なパス解析結果によれば，組織の創造性を高めると，企業のパフォーマンスがよくなる（命題1）。そして，組織の活性度が高まると，組織の創造性が高まる（命題2）。ただし，このうち命題2については，合理性重視型の文化の企業にはあてはまらない。合理性重視型の場合は活性度から創造性へのパスが断ち切られており，活性度が高まっても創造性に必ずしも結びつかないと考えられるからである。また，活性度に影響を与える組織要因を強めると，創造性を高めることができる。チャレンジ精神，合理性重視，積極的リーダーシップ，それに情報共有，組織プロセス，相互作用がそれである。ただし，このことも，上と同様の理由で合理性重視型の文化の企業にはあてはまらない。（なお，チャレンジ精神型では相互作用は効いていない）

　創造性に直接影響を与える活性度以外の組織要因を強めても，創造性を高めることができる。積極的リーダーシップ，組織プロセス，自律性がそれである。しかし，ここでも合理性重視型の企業では，創造性に直接影響を与える要因が自律性に限定されており，この面からの効果しか期待できない。（なお，チャレンジ精神型では組織プロセスは効いてこない）

　では，合理性重視型の文化の企業では，どのようにすれば創造性を高めることができるのであろうか。それは，チャレンジ精神型の組織文化への変革である。この場合，積極的リーダーシップの要因も必要であり，これらが相乗的に創造性を高める効果を持つものと考えられる。積極的リーダーシップも含めた広義の組織文化が重要であると言える。このように，組織要因（ここでは組織文化）を単一で考えるのではなく，他の諸要因（ここでは積極的

リーダーシップ）とリンクさせて考えることが必要である。
　以上から分かるように，活性度の議論ではチャレンジ精神型と合理性重視型ではあまり差が出なかったが，創造性を考えるとかなり差が現れた。ここで定義した創造性の範囲内ではあるが，組織文化は創造性を考えるとき特に重要である。合理性重視型はこの点で劣っていると言える。このように，組織文化によって創造性の現れ方が異なるのである。

第5章

製造企業の独創性

5-1. 独創性とは何か

　企業の研究開発組織における独創性とは何であろうか。大学における独創性とは違う面があると考えられるが，特許の取得や出願の件数，あるいは論文数が独創性を表すのであろうか。日本の製造企業の多くは特許出願と特許取得の両方に対して研究者，技術者に報酬を与えるだけでなく研究開発部門の各セクションに対して特許のノルマを課している（M. Aoki & R. P. Dore, 1994）。独創性の尺度としての特許出願や特許取得の数は，このようなノルマによっていくぶんか変形しているかも知れない。

　次に論文はどうだろう。製造企業における研究の段階は大きく分けると，探索段階と開発段階に分けられるが，より市場に近い開発段階のチームが独創性のあるアウトプットを出したとしても論文にはなりにくい，といった面もある。また，研究の分野によっても論文が出る・出ないの差がありそうである。

　このように考えると，独創性と特許あるいは論文の数はあまり関係ないかも知れない。そこで，アンケートによる投票で独創性を測定することにした。具体的には，「独創性があると思うチームはどこか」および「独創性があると思う個人は誰か」をアンケートで聞き集計し，特許や論文の数との関係を分析するのである。調査対象はA社の研究所および事業部門で，研究所の方

表5-1 A社における学会発表(口頭発表および,雑誌等による論文発表)

口頭発表	一人	二人以上(チーム)	計	1件あたりの平均人数
1992年	254 (18.6%)	1,113 (81.4%)	1,367	3.44
1993年	261 (21.7%)	942 (78.3%)	1,203	3.88
1994年	256 (20.2%)	1,014 (79.8%)	1,270	3.57

雑誌等	一人	二人以上(チーム)	計	1件あたりの平均人数
1992年	205 (44.9%)	252 (55.1%)	457	2.49
1993年	191 (47.2%)	214 (52.8%)	405	2.60
1994年	148 (41.5%)	209 (58.5%)	357	2.69

表5-2 A社における特許出願

	一人	二人以上(チーム)	計	1件あたりの平均人数
1990年度	7,671 (56.3%)	5,945 (43.7%)	13,616	1.84
1995年度	1,901 (44.2%)	2,401 (55.8%)	4,302	2.29

は事務スタッフを除いた研究員約1,200名全員である。

　ここでチームに着目した理由を次に述べる。表5-1は,A社における,1992年から1994年までの3年間の学会発表の数である。口頭発表と雑誌での論文発表に分け,それぞれを発表者が一人であるものと,二人以上であるものとに分けてみた。これを見ると,口頭発表では,発表者が二人以上のもの,つまりチームによるものが全体の80%程度を占めている。また,雑誌等での論文発表は,チームによるものが全体の50%強となっている。一つの発表あたりの平均人数は口頭発表では3人から4人の間,雑誌等による論文発表では二人から3人の間である。このように,学会発表は,チームによるものの方が単独の発表者によるものよりも多いことが分かる。

　次に,特許出願を見てみる。集計の都合上,1990年度と1995年度(各4月1日~翌年3月31日)についてのデータを調べたところ,表5-2のとおりであった。両年度において全体の数が大きく異なるが,これはこの間において会社の業績が大きく落ち込んだ時期があり,特許出願にも費用がかかるため主要な発明であってかつ取得によるメリットが大きいものに限って出願する方針に変わったためである。これを見ると,1990年度では二人以上による出

表5-3 我が国主要電機企業の実発明者数，発明者一人あたりの発明件数，1件あたり発明者数（1993年度）

	実発明者数	発明者一人あたりの発明件数	1件あたりの平均発明者数
日立製作所	13,544	2.65	3.10
東芝	10,311	2.32	1.73
三菱電機	9,044	2.38	1.73
NEC	10,222	1.99	1.22
富士通	8,481	2.69	1.97
松下電器産業	9,358	3.80	2.25
シャープ	3.488	3.10	1.91
ソニー	4,336	3.07	1.66
日本電信電話	3,600	3.04	3.00

・実発明者数は，公開特許，実用新案に現れた発明者につき，同一発明者を除いてカウントした発明者の実数
・（出所）ダイヤモンド経営開発情報 MDI インパクト'94・5

願が43.7％，1995年度では55.8％と，チームによるものがかなりの比率となっており，1件あたりの平均出願人数も二人前後であることが分かる。

以上のように，学会発表，特許出願の両方でチームによる研究開発の比重がかなり高い。本書において研究開発者個人ではなく研究開発チームに着目するゆえんである。

なお，参考のために，我が国の主要電機企業の1993年度における実発明者数，発明者一人あたりの発明件数，1件あたりの平均発明者数を示す（表5-3）。このデータには，特許だけでなく実用新案も含まれている。1件あたりの平均発明者数をみると，NECが1.22と1に近いが，他は二人弱～3人強である。全体の平均は2.06人である。この数値を見ても多くの企業でチームにより研究開発活動が行なわれていることがうかがえる。ここで電機企業に注目するのは，A社が電機企業だからである。研究所は1,200名規模であるため，入社数年以内の若年者を別として自分の属する部以外であっても評判などは聞いており，だいたい見渡せる範囲である。だから，研究所に閉じたアンケートで「どのチームが独創的か」といった質問に答えることができると考えたわけである。

異質性については大きくは二とおりあるものと考え，表5-4に示すように

表5-4 異質性に関する変数

分類	質問項目またはハードデータ項目	回答方法	質問番号 (Hはハードデータ)
知識	最終学歴の学校の出身学科	22種類	H
	現在の専門分野と最終学歴における専攻分野との一致度（7つまで記入）	各5段階	3①～⑦
	上記現在の専門分野は，今のチームで初めて経験	各2値	3①～⑦
	現在の専門分野の合計数	記入	3
経験	海外在住経験（有無，期間，地域）	有無は2値	5
	海外留学経験（有無，期間，地域）	有無は2値	6
	入社前職歴（有無）	2値	H
発想	研究に取組む際の考え方・進め方が他のメンバーとどの程度類似しているか	5段階	21
	技術への貢献と経営への貢献とではどちら志向か	5段階	22
個性	議論好きか	5段階	17
	他人と同じことをするのが好きか	5段階	18
	主体性があるか，協調性を大事にする方か	5段階	19
	芯が強く負けず嫌いか	5段階	20
	修士課程が学部時と違う大学（大学の名前）	2値	H
その他の属性	国籍（日本かそれ以外か）	2値	H
	男女の別	2値	H
教育受講等	社内教育参加日数	6段階	9
	社外教育・学会参加日数	6段階	10
	所属学会数	記入	11
海外出張	最近3年間の回数	5段階	12
コミュニケーション 直接	チーム内，部内，それ以外の研究部門，技術部門，製造部門，営業部門，社外	各5段階	13①～⑦
コミュニケーション 間接	チーム内，部内，それ以外の研究部門，技術部門，製造部門，営業部門，社外	各5段階	14①～⑦
	最近1週間のコミュニケーション人数	5段階	15
情報技術	インターネット，パソコン通信，グループウェア，データベース，その他2つ	各5段階	16①～⑥
置かれている状況	作業時間〔教育，教育以外の技術的な仕事（自分の仕事，他人の技術的仕事の監督，同僚・他部門への協力），管理的・非技術的仕事（上層部とのコミュニケーション，それ以外の内部管理等，外部団体・研究依頼者とのコミュニケーション），その他〕	各%を記入	8
	現在従事しているプロジェクト数	記入	7

第 5 章 製造企業の独創性　57

分類	質問項目	回答方法	質問番号
組織間連携	A社グループ外の企業との提携・共同研究（有無，相手が国内か海外か）	有無は2値	29
	A社グループ内の企業との提携・共同研究（有無，相手が国内か海外か）	有無は2値	30
	大学の研究者との提携・共同研究（有無，相手が国内か海外か）	有無は2値	31
	国・地方自治体との提携・共同研究	有無の2値	32
	個人との提携・共同研究	有無の2値	33
	A社の研究所またはA社内の組織で自己のチームが属する統括部外との連携	有無の2値	34
	統括部内の他の部署との連携	有無の2値	35
	A社の研究所またはA社内の，研究者・技術者以外の部門・人との連携	有無の2値	36
チーム・リーダーのマネジメント	経験したことのない分野への挑戦の奨励	5段階	37
	メンバーの情報取り込みへの支援	5段階	38
	メンバーの議論の奨励	5段階	39
	チーム内の（考え方，国籍などの）異質なメンバーの尊重	5段階	40
	今までのやり方を変えることに抵抗を感じる方か	5段階	41
	研究開発テーマを決めるにあたりメンバーに意見を述べさせる	5段階	42
その他	チームに属している期間	5段階	2

質問票を設計した。一つは，チームの構成メンバー（リーダーを含む）にいろいろな知識，性格，あるいは経験を持つ者がいることであり，二つ目は，チームにチーム外からそれまでそのチームになかった情報などを取り入れること，ないし取り入れる仕組みを持つことである。前者は知識，経験，発想，個性，その他の属性などであり，後者は教育受講等，海外出張，コミュニケーション，情報技術，置かれている状況，組織間連携，チーム・リーダーのマネジメントである。なお，表の最初の「最終学歴の学校の出身学科」はばらつきが問題なので，変数としては標準偏差を用いた。また，アンケート票には異質性に直接は関連しないが間接的に関連があると思われる項目（表5-5）と，独創性ないし研究開発成果（過去3年間）についての質問項目（表5-6）もある。独創性についての質問は，次のとおりである。すなわち，「A社の研究所の中で独創性があると思うチーム」を三つまで，また「A社の研究所の中で独創性があると思う個人」があれば1名を，それぞれ挙げて

表5-5　異質性に直接は関連しない質問項目

分類	質問項目	回答方法	質問番号
活性化	チームの活性化	5段階	43
統括部の組織文化	チャレンジ精神のある人が多い	4段階	44
	積極的なチャレンジであれば失敗を許容する	4段階	45
	過去の成功体験が伝承され尊重されている	4段階	46
	直観よりも情報の収集分析に基づいた合理的な行動が重視される	4段階	47
	新規の研究開発は上からの指示で始めることが下から始めることよりも多い	4段階	48
チームの状況	研究開発の内容の面で中心になり他のメンバーを巻き込んでいける人がいる	2値	23
リーダーのタイプ	専門分野での独創性とマネジメント能力ではどちらが優れているか	3値	24
その他個人	入社後，このチームに属する直前における最も主要な専門分野（その前，さらに前も）	各記入	4
その他チーム	チームの存続年数	5段階	26
	チームの専門分野がここ5年以内にできた新しい分野かそれ以前からある分野か	2値	27
	チームの専門分野は探索段階（先行研究）か開発段階（実用化研究）か	2値	28

表5-6　独創性ないし研究開発成果（過去3年間）についての質問項目

分類	質問項目	回答方法	質問番号
独創性	独創性があると思うチーム（研究所は研究所内，他はA社グループ内）	三つまで記入	25①
	独創性があると思う個人	一人だけ記入	25②
学会誌論文	件数，内2人以上共同のものの件数，外国での発表件数	記入	49
学会口頭発表	件数，内2人以上共同のものの件数，外国での発表件数	記入	50
本の出版	件数，内2人以上共同のものの件数，外国での発表件数	記入	51
特許の出願	件数，内2人以上共同のものの件数，外国での出願件数	記入	52
社内表彰	中央表彰と研究所社長賞（事業部門は本部長賞）の件数，内2人以上共同のものの件数，表彰名，テーマ	記入	53
社外からの表彰	件数，内2人以上共同のものの件数，表彰名，テーマ	記入	54
新技術	件数，主要なもの3件以内の新技術名と概略，携わった人数	記入	55
新製品	件数，主要なもの3件以内の新製品名と概略，携わった人数	記入	56
売上伸長	会社の売上伸長に貢献したか	2値	57

もらうこととした。

　このアンケート票（チーム・リーダー用とメンバー用がある）を，1996年にA社の研究所の全研究員（ただし，直接チームを見ていない部長職などは対象外とする）を対象に職制を通して配付したところ，1,022名から回答を得ることができた（回収率85.2％）。「独創性のあるチーム」を挙げた者は158名であった。その中には，すでに解散したチームや技術の名前だけを書いていてチームを特定できない回答などもあったのでそれらを除くと，延べ203票が投じられた。また，「独創性があると思う個人」を挙げた者は96名であった。

　「独創性のあるチーム」として81チームが1票以上の票を得たが，そのうち最も多くの票を得たチームの得票数は15票であった（以下，T1チームと呼ぶ）。また，チーム得票第2位以下の6チームを表5-7のようにそれぞれT2～T7と呼ぶ。なお，T4チームのデータは完全回収はできなかった。

表5-7　「独創性があるチーム」の得票上位のチーム

順位	チーム得票数	チーム名	場所	メンバー数 （リーダーを含む）	研究段階
第1位	15票	T1	a地区	11名	開発
第2位	13	T2	a地区	7	開発
第3位	9	T3	a地区	12	開発
第3位	9	T4	a地区	6	開発
第5位	8	T5	b地区	3	探索
第6位	6	T6	c地区	7	開発
第6位	6	T7	c地区	7	探索

　「独創性のある個人」として最も多くの票を得た者はK1であり，その得票数は6票であった。票を得た者は72名で，このうちリーダーに投じられた票は49票（31名），メンバーに投じられた票は47票（41名）であった。なお，K1はチームを組まずに単独で研究を続けている数少ない存在である。

　チームの投票，個人の投票いずれにおいても，独創性があると思う理由も文章で答えてもらっているので，そこで挙げられた理由をおおまかに分類してみた。その結果を表5-8および表5-9に示す。チームの投票で一番多かったのは「技術」の関連であり，2番目が「アイデア・テーマ・知識」の関連で

表5-8 「独創性があると思うチーム」の理由

	分類	理由	頻度
1	技術	革新技術，新発明，世界レベルの技術，性能，理論を実体化するパワー，新手法の取り入れ，設計，アイデアの具現化，新規格の確立	69
2	アイデア・テーマ・知識	アイデア創出，発想が柔軟，テーマの先行性，可能性を示した，世界一の目標設定，古いテーマの鮮度保持，アルゴリズム考案，論理に裏付けされたアプローチ，世界の科学の中で重要，数学の難問を解いた，発見，理論，知見の広さ・深さ，ノウハウ，情報収集，論理的	52
3	マネジメント・戦略・風土	マネジメント（判断，決断力，議論の場作り），議論が活発，士気が高い，常に新しいものへ挑戦，ホームページでアピール，研究開発から製品化までが一直線できれい，戦略的，筋が通った研究開発，基礎から応用まで幅広い，独創的な発想を形にしていくリーダーシップ，アイデアを生かす風土，先を見通す力，嗅覚，センス，ニーズとシーズを見極める目，研究開発の展開が早い，積極的，臨機応変，信念，バイタリティ，正面から取り組む，世界の最先端を走る意思，問題把握・解決	27
4	製品	新製品，商品化，事業化	22
5	その他	芸術的，留学した，世界レベルで活躍・競争している，特定分野で日本を担っている，着実に成果をあげている，学会発表，プレゼンテーションが上手，論文，特許（出願，登録），売上伸長，商談，市場の評価，シェア，話題の提供，評判，役にたつ，表彰（社内，社外），（理由無記入）	65
	合計		235

表5-9 「独創性があると思う個人」の理由（分類後）

	分類	頻度
1	アイデア・テーマ・知識	39
2	技術	22
3	マネジメント・戦略	19
4	製品	4
5	その他	12
	合計	96

ある。個人の投票で一番多かったのは,「アイデア・テーマ・知識」の関連であり, 2番目が「技術」の関連である。チームの場合と, 1番目と2番目の順位が入れ替わっているが, これはチームと個人の違いから納得できる結果である。この二つの表から, 独創性の判断理由が多岐にわたっていることが分かる。さらに, チームの方は分類番号1～4のいずれにも分類できない「その他」が65あり, 全体の約1/4と多く, この面からも理由がさまざまであることが分かる。理由が多岐にわたるということは, 独創性の有無は総合的かつ主観的に他人に評価してもらうというピア・レビューの方式が妥当であったことを示している。

なお, 標準的とされる社会調査法によれば, アンケート調査において調査対象者の側での解釈の多義性は可能な限り排除されなければならない (Singleton et al., 1993)。しかし, 本研究ではアンケート前にA社の研究所の管理部や研究員へのインタビューを行なったほか, 組織の実態により迫るためにアンケート後にその結果を示しながらインタビューを繰り返すことを行なった。統計調査結果なしでインタビュー調査をしても, インタビューされる側は当たり障りのないことしか話したがらないものであり, 真に重要なことや問題については口にしないことが多い (高橋, 1993)。また, 統計調査結果を示されて初めて真に重要なことに気がつくということもある。これらのことから本研究ではアンケート前にもインタビューを行なったが, 特にアンケート後のインタビューを重視し分析を行なった。

また, 研究所にあっては投票結果を独創性の指標としたが, 事業部門ではその中の事業部長によるA～Cの3段階の評価を独創性の指標とした。各事業部長が各チームの独創性の有無をほぼつかんでいるからである。この調査では, チームおよび個人への投票のほかに学会誌掲載論文や特許出願の数等 (いずれも過去3年間) も聞いている。そこでまず, チーム得票数とチームの学会誌掲載論文数との関係を散布図にしてみた (図5-1)。なお, チーム得票数がゼロで学会誌掲載論文もゼロのチームが多いので, チーム得票もしくは学会誌掲載論文があるチームを分析対象にした。また, 同じ点に複数のチームがくるので, 上に積み上げた形で表現している。チーム得票数のランキングが1位のT1チームは論文数はゼロである。T2チームが2本, T3

62

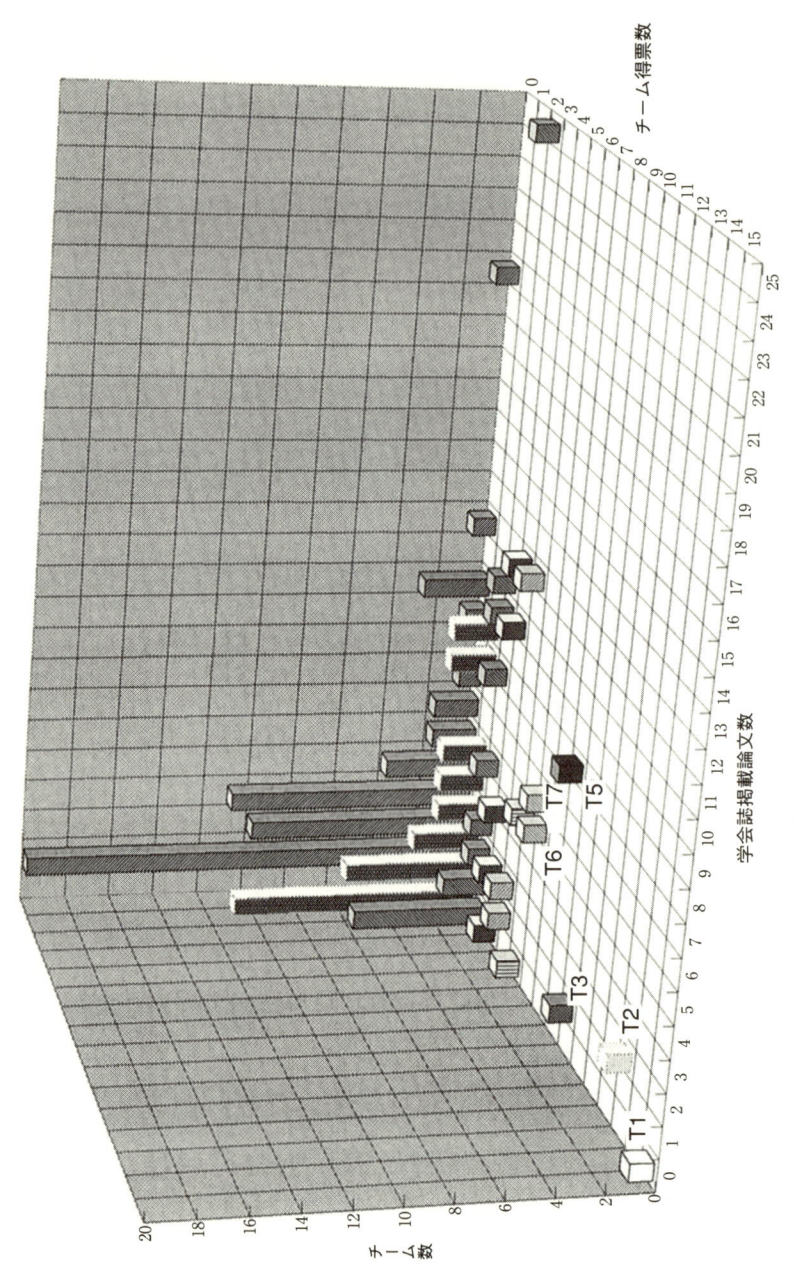

図5-1　チーム得票数と学会誌掲載論文数

第5章　製造企業の独創性　63

図5-2　チーム得票数と特許出願数

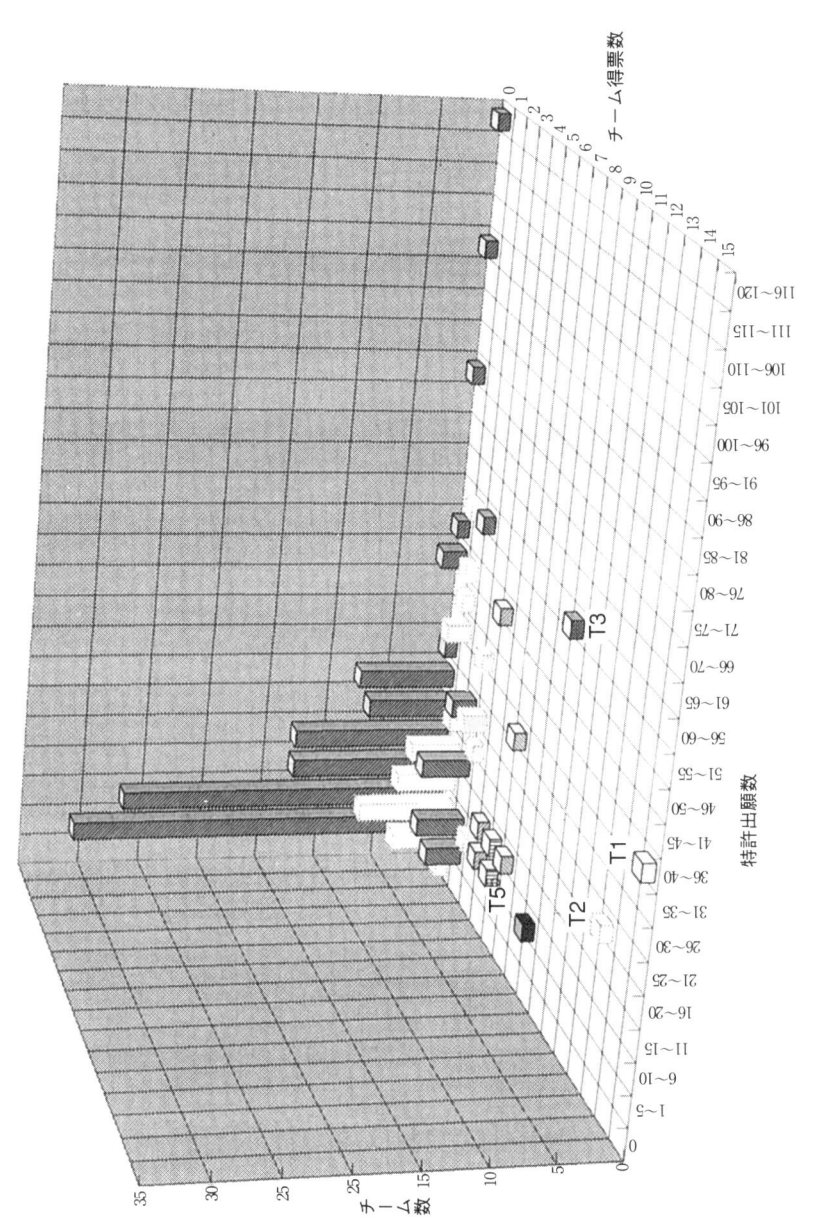

チームは1本である。T5がやや多く8本あるが，T6，T7が各5本，6本とそれほど多くはない。一方，論文数が多い10数チームはいずれも得票では4票以下と少ない。相関係数は0.017と非常に低く，有意水準も5％で（以下同じ）有意ではなかった。

次に，チーム得票数と特許出願数との関係を散布図にしてみた（図5-2）。さきと同様にチーム得票がゼロで特許出願数もゼロのチームが多いので，チーム得票もしくは特許出願があるチームを分析対象にしている。ここではチーム得票3位のT3が特許出願56～60とやや多いが，その他のチーム得票上位のチームは40以下である。T3以外の特許出願の多い11チームはチーム得票の上位に登場していない。相関係数は0.152と低く有意ではなかった。

同様に，個人得票のチーム内合計数（チーム・リーダー，メンバーの計）と論文数，特許出願数の関係も調べたところ，相関係数は前者が－0.081，後者が0.064といずれもゼロに近く，有意ではなかった。

以上のように製造企業の研究開発現場での見方（アンケートによる投票結果）と，従来の独創性指標である特許出願数および論文数とは相関が低いことが分かった。探索研究は論文に，また開発研究は特許出願に結びつきやすいことを考慮し，(1)探索研究チームだけについてのチーム得票数と論文数との相関，および(2)開発研究チームだけについてのチーム得票数と特許出願数との相関を見た。(1)が0.156，(2)が0.173といずれも低く有意でなかった。

なお，特許には基本特許と実用特許があり，また論文にもさまざまな種類がある。仮に独創性のあるものとして選ばれたチームの特許出願数，論文数が少なくても，それが基本特許であったり，きわめてステータスの高い論文であったりすることがある。その場合独創性との相関がある程度高くなる可能性がある。しかし，本調査では特許の種類や論文のステータスについてのデータは得られていないので，それに基づいた分析は今後の課題である。本書は数に限った範囲での分析である。

〔事実発見1〕
　特許出願数や論文数と，独創性のあるチームのチーム得票数，および個人得票のチーム内合計数とは相関が低い。

さらに，チームとしての新技術開発数（過去3年間）とチーム得票数の相関を同様に調べたところ，相関係数が0.092とゼロに近く有意でなかった。また，チームとしての新製品開発数（過去3年間）とチーム得票数との相関は，相関係数が0.043とこれもゼロに近く有意でなかった。

これまでの検討から，独創性のあるチームのチーム得票数は，特許出願数，論文数，新技術開発数，新製品開発数のいずれとも相関が低く，これら研究開発のパフォーマンスとは別のものを投票により測定したのだと言える。

5-2. チーム特性

次に，さきの投票結果に関し個人票を得た者がどのチームに属しているのかを調べ，チームごとに(1)リーダーが得た個人票の数とチーム得票数の関係，および，(2)リーダーとメンバーを合わせたチームが得た個人票の合計数とチーム得票数の関係をそれぞれ散布図にするとともに，各々の相関係数を算出した（図5-3，図5-4）。なお，チーム得票がゼロでリーダーとメンバーを合わせたチームが得た個人票の合計もゼロというチームが多いため，チーム得票もしくは個人得票があるチームを分析対象とした。相関係数は(1)が0.064，(2)が0.102といずれもゼロに近く有意でなかった。

以上から次のことが分かった。

(1) チームの独創性と，リーダーの独創性得票数とは相関が低い。
(2) チームの独創性と，チーム内の個人（リーダーとメンバー）の独創性得票数の合計とは相関が低い。

これらのことは，個人の独創性のほかに何かがあるために，チームの独創性が発揮されることを示している。つまり，個人の独創性の総和としてチームの独創性があるのではなく，個人の独創性以外の要因もあってチーム特性としての独創性が存在することになる。その要因の重要な一つが多様性ないし異質性であることは後述する。

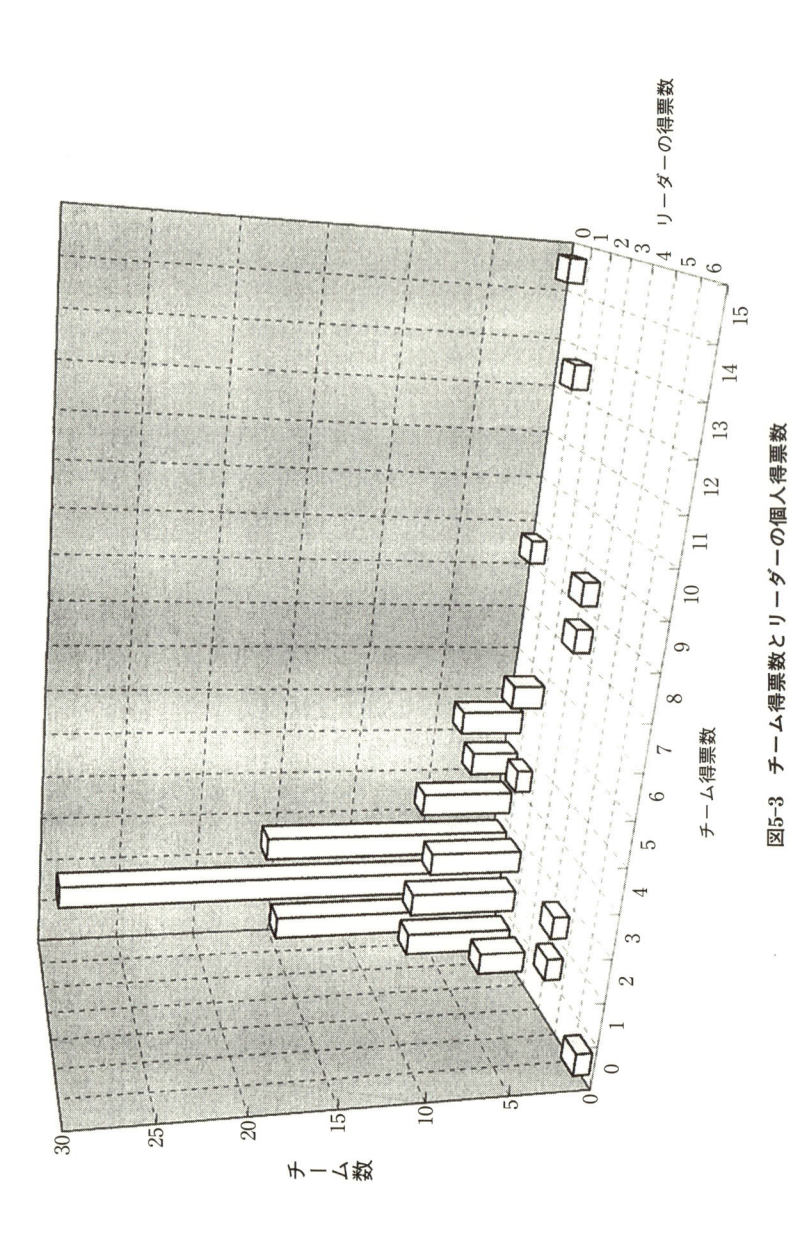

図5-3 チーム得票数とリーダーの個人得票数

第 5 章　製造企業の独創性　67

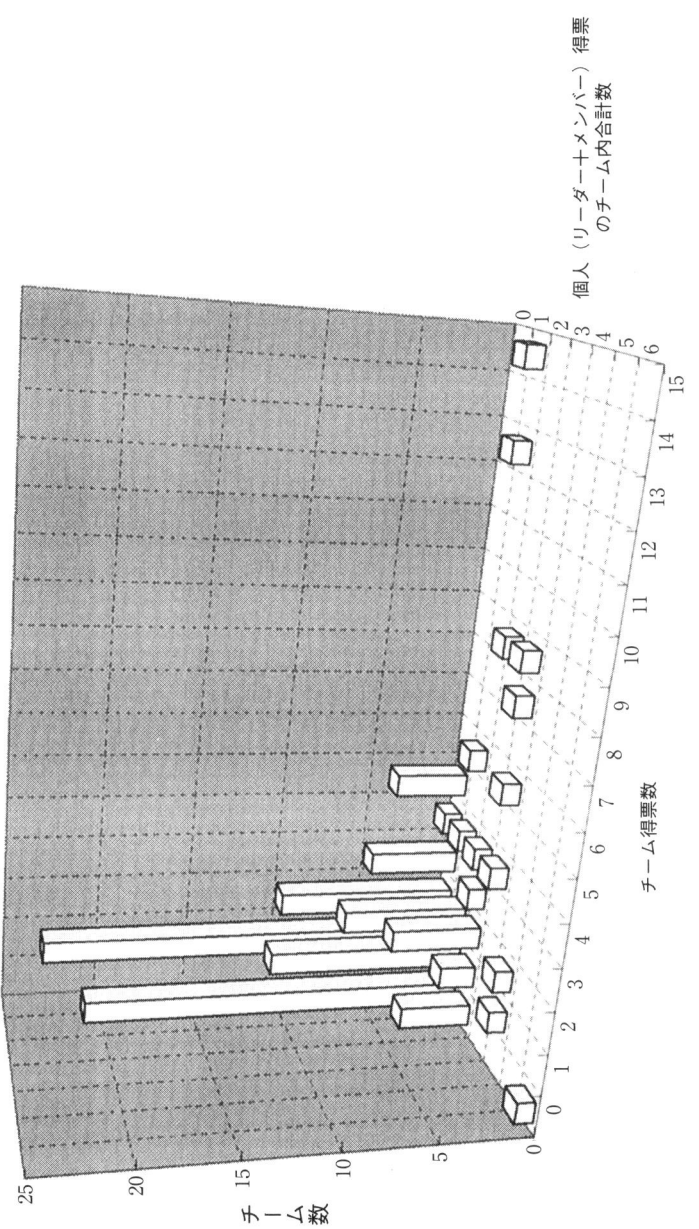

図5-4　チーム得票数と個人（リーダー＋メンバー）得票のチーム内合計数

〔事実発見2〕
　製造企業の研究開発チームにおいては，個人特性とは別のチーム特性としての独創性が存在する。

　投票により独創性があることが分かった上位7チームのうち5チームのリーダーとメンバーにインタビューを行なった。独創性の意味について見ると，チーム・リーダーの多くは，技術を開発するだけでなくそれを実用化（製品化）するという点と，その製品が市場に出て実際にユーザーに使用され会社の売上や利益に貢献するということを非常に重視している。しかも，その技術や製品は世界レベルでみても他社がやっていないものであることを意識している。最終目的は技術そのものでも特許出願でもなく，それらに裏付けされた製品である。技術そのものの場合は，実用化の可能性のあるものに限られる。研究開発者といえども企業の一員である以上，会社の売上増大など業績への貢献を最優先に考えるのは当然とも言える。

　なお，多くの場合，どのようなテーマに取り組むかという問題設定そのものもチームの果たすべき役目であることが，インタビューの結果からうかがえた。問題が上層部などチーム外から与えられることも皆無ではない。その場合には問題の新規性がチームの異質性と独創性の双方に影響を与え，異質性と独創性が疑似相関となることがありうる。しかし，インタビューの結果からすると，チームに独創性があるという場合にはそのチーム自らが行なった問題設定がよかったということも含まれるのであり，疑似相関の問題はほとんど生じないと言える。

　次に，チームの独創性は主として次の二つのチームの特性によるものではないかと考えた。

(1)　チームの異質性ないし多様性
(2)　リーダーのチーム・マネジメント

　まず，このうち(1)の異質性ないし多様性についてインタビューした結果を見てみよう。一般論として多様性が独創性にプラスの影響を及ぼすことにつ

いては，多くのチーム・リーダーが肯定している。ただし，具体的にどのような多様性かについては，最終学歴における専門分野と現在の専門分野との違いとか，事業部との連携，海外出張によるネタ探し等の返答があるものの，それ以上の決め手になるような発言は少なかった。その中からインタビューで得られた情報を整理すると，主要なものは次の3点であった。

① 多様な知識（ないし専門分野）・考え方
② 他の研究部門の経験
③ 他のチームや部とのコミュニケーション

　デバイス，材料といった基礎的な分野では，多様性がチームの独創性に影響を与えるのはチームの初期段階からではなさそうである。チームでやれることはやったが壁にぶつかり，そこから一歩踏み出すときに必要なのが異質性である。このことは，典型的には専門分野について後に詳しく記載するBトランジスタの事例を見るとよく分かる。
　ソフトウェアの分野では，「どのように」ではなく「何を」作るかを考えるにあたって多様性が効くとされた。つまり，この分野ではチームの初期段階に多様性が効くと言えそうである。
　メンバーの多様性のうち，「知識（ないし専門分野）」はもっとも重要である。たとえば，機能デバイス研究部では次のようなことがあった。Bトランジスタの研究が一時行き詰まっていた。材料屋とデバイス屋はいたが，回路の分かる人がいなかった。しばらくして回路が分かる新人（博士課程修了者）が入り，ブレークスルーが起こった。この例は学生時代の専門分野の多様性が直接に効いたものだが，専門分野の意味は入社後に従事した専門分野が主たるものになることが多い。周知のように，日本の企業では学校時代の専門分野をあまり考慮しないで配属部署を決めることが多い。A社の研究所でも今までは同様のことが多く，学生時代の専門より入社後の専門の方が平均的には長期になるので，入社後の専門が主たるものになる。また，新人の配属の段階で初めて当該分野を経験することになる者が多数いることになる。
　次に考えられるのは，「他の研究部門の経験」である。これは，上記「知

識（ないし専門分野）」とオーバーラップする面があるが，情報，通信，デバイス，材料といった部門のうち，現在の所属以外の部門経験ということから，各研究員について判別することが比較的容易である。ただし，他の研究部門を経験したことのある者は，A社の研究所においては多くはない。今回のチームランキング1位，3位の二つのチームがある情報サービス研究部は，通信，情報等の研究部門出身者の混合部隊であるが，他には社内募集により異動した8人がいる程度である。

他のチームや部とのコミュニケーションに関しては，今回のインタビューにおいて特にa地区の人達がその場所および建物についてよい評価をしている。リーダー，メンバーとも「明るい」と言っているほか，「いなかで比較的少人数なのでまとまりがある」等である。この地区には，パーソナルシステム研究所のほかペリフェラルシステム研究所の一部があるが，上記のことはa地区全体にいえることである。この地区の研究所は6階建ての建物のうち5階の事務所フロアに全研究員がおり，2～4階は実験施設となっている。ワン・フロアーに皆がいるので，ちょっとした時間の合間に他の部やチームを覗き見ることができる。入口は一つでエレベーター・ホールで他の部の人と話ができる。事務所が2～6階に別れ，しかも1フロアの中に壁がいくつもあるd地区に対して，a地区では，チームの間のコミュニケーションがよくなり，他の部やチームのやっていることを自然な形で知ることができる。これが異質性注入に一役買っているものと考えられる。異質性が注入されればそのチームは多様性を持つことになる。

最後に，リーダーのチーム・マネジメントについてのインタビュー結果を述べる。これについては，主要なものとして次の四つが挙げられた。

① 技術を金に変えられるかを見極める
② テーマや自由に関するリーダーのスタイル
③ 事業部等とのやりとり
④ メンバーの雑務軽減

まず，チーム・リーダーの最も主要な役目は，そのチームで出されたアイ

デアや研究している，あるいはしようとしている技術が実用化できて製品となるなどして，お金に形を変えられるかどうかを見極めることであると考えられる。企業の研究員は，研究開発の実用化に最も大きな関心を寄せている。このことは，今回インタビューしたほとんどのチーム・リーダーが述べている。また，本来の研究目的のほかに，研究中に派生的に出てくる技術についても見極めることが必要である。

次にテーマの選択や研究の進め方の自由に関するリーダーのスタイルであるが，メンバーの間では，「口うるさく監視されずに，自由にさせてもらっているのがいい」という意見が多い。また，テーマの選択も自らやることができればモチベーションも高い。リーダーのチーム内マネジメントに関しては，メンバー達に自由だと感じさせ，テーマも実際にはリーダーが決めたとしても，メンバーが自分で選んだと感じさせるようにするスタイルが重要である。こうすることで，自然な形でのコミュニケーションや議論を促しているとも考えられる。

第3の事業部等とのやりとりに関して述べると，実用化に最大の関心があるのなら必然的に市場に近い部門からの情報収集が必要になる。研究所にとって市場に近い部門は事業部門である。リーダーは自己のチームでの研究内容が売れるものであるかどうかを常に考えなければならないが，そのためには事業部門とのやりとりを密にしておくことが大切である。

第4はメンバーの雑務軽減である。研究員が研究に専念できるよう管理的な雑務の負担を減らしてやることも重要である。特許関連の事務，技術交渉などである。リーダー自身の管理的な雑務を軽減すべきとの意見もあり，その場合，その上の部長職が管理的な仕事を行なうことになる。ただ，ペルツ＝アンドリュースによる，100％研究に専念する科学技術者は業績がよくないとの指摘もあり，雑務軽減にも適当な度合があるものと思われる。

これら4点のうち，チームの多様性の議論に最も関連するのは3番目の事業部等とのやりとりである。なお，情報，通信，デバイス，材料といった研究分野によって，またそれらの分野ごとの組織文化によって多様性の効き方が異なってくる可能性も考えられる。

第6章

事例研究

　本章では，多様性ないし異質性がどのように独創性に効いているかを知るために，研究所のチーム得票が上位（第6位以上）であったチームの中から3チームの事例をとりあげる。これらの3チームの選択は，ハードウェア研究・ソフトウェア研究双方が入り，かつ探索段階・開発段階の双方が入るように，得票上位のチームから順に選んだ（表6-1）。

表6-1　三つの事例の特徴

事例（チーム名）	分野	多様性ないし異質性が効いた時期	効いた多様性ないし異質性の内容	チーム得票	個人得票	
					リーダー	メンバー
事例1「移動体通信用Sフィルタ」（T2）	ハードウェア	ある程度研究が進んだ段階	個性，それを取り込んだチーム・マネジメント，組織間連携	13	1	0
事例2「Bトランジスタ」（T7）	ハードウェア	研究が行き詰まった時	大学における専攻	6	1	1
事例3「電子コミュニティ」（T1）	ソフトウェア	最初の段階	異分野経験，異質性取り込みのチーム・マネジメント，組織間連携	15	0	1

6-1. 事例1「移動体通信用Sフィルタ（仮称）」
　　　――個性，それを取り込んだチーム・マネジメント，および組織間連携――

　この事例は，チーム得票ランキング第2位（13票）のT2チームのもので

あり，ハードウェア研究の分野で開発段階にあるものである。リーダーの個人得票は1票であった。メンバーの個人得票はなかったため，リーダーとメンバーを合わせた個人得票のチーム内合計数は1票である。

　この事例を特徴づける要因は，個性，それを取り込んだチーム・マネジメント，および組織間連携の三つである。ある程度，研究が進んだ段階で，このチームのある研究員が妥協を嫌い，あくまでも初志貫徹を考えていた。そこには強い意志が見えたので，リーダーSはそれを実行させたのである。また，事業部門との連携も特筆に値する。Sフィルタを製造する部門，および携帯電話を開発している部門との協力関係であり，特に後者の要望を早い段階でとらえることができたことが開発を早められた大きな要因であった。

　携帯電話に代表される移動体通信は世界各国で急速に普及拡大し，今後の高度情報社会の重要な通信網としてますます発展することが期待されている。携帯電話の加入者数の急増は，機器の小型化の推移と軌を一にしている。Sフィルタはこの間の携帯電話の小型軽量化に極めて大きな役割を果たしたデバイスである。1991年にA社が世界で初めて開発した表面実装型のSフィルタは，当時主として使用されていた誘電体フィルタに比べ体積で1/33であった。その結果小型軽量化競争を繰り広げていた携帯電話に急速に使用されるようになり，現在ではほとんどすべての携帯電話でSフィルタが採用されている。

　Sフィルタとは，結晶などの固体の表面付近にのみエネルギーを集中させて伝わる弾性表面波（Surface Acoustic Wave）を利用し，伝わってくる種々の電気信号の中から必要な周波数帯の信号だけを取り出すデバイスである。Sフィルタは，①小型軽量で，②LSIプロセスで大量生産が可能であり，さらに③誘電体フィルタと異なり周波数調整が不要である，という特長を持つことから移動体機器に極めて適合した高周波フィルタであると言える（図6-1）。

　1988年当時，携帯電話が本格的に普及するためには機器を小型軽量化してその携帯性をよくすることが必須であると考えられた。そこでA社の研究所は調査の結果，当時高周波フィルタとして使用されていた誘電体フィルタは大きくて重く表面実装対応が困難であり，携帯電話を小型軽量化し量産ライ

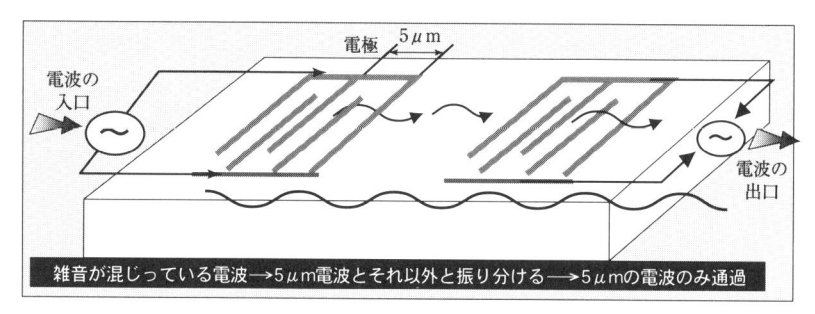

(注) Sフィルタとは，圧電基板の表面付近にエネルギーを集中させて伝播する表面弾性波（SAW：Surface Acounstic Wave）を利用し，ある周波数帯域の電気信号を取り出すフィルタである。

図6-1　Sフィルタの原理

ンで生産するためにはネックになることが分かった。

　以上のことから，リーダーSのチームでは表面実装対応のSフィルタの開発を開始した。その半年後の1989年4月，モトローラ社がそれまでの携帯電話の体積を半減させるマイクロタックを発表し小型軽量化競争が本格化した。この製品にはキャンタイプのSフィルタが初めて採用されていたが，サイズはまだ大きくて表面実装対応ではなく，その挿入損失も大きいなどの問題があった。このチームの目標は，表面実装対応でかつ低損失であるSフィルタの開発となった。

　このチームでは，Sフィルタの設計はまったく経験がなく，リーダーもメンバーも猛烈に他社の文献や特許を学んだ。Sフィルタの電極パターンは，約1mm角のチップの上に入出力電極が計数千本形成されており，その設計のポイントは多電極をいかに設計するかにある。このチームでは数千本の電極パターンで起こる弾性表面波の反射と速度変化を考慮し，コンピュータでSフィルタの特性をシミュレーションできるプログラムを作成し，基本的な設計方法についてはシミュレーションで設計指針を得られるまでになった。しかし，特性改善のためには新しい設計手法が必要であった。そのような新しい概念は，シミュレーションでは出てこない。いくつかのアイデアを考え，シミュレーションと実験で確認するという方法をとっていた。この時，実にいろいろな方法が試された。少しでも可能性のありそうなものはシミュレーションされた。そういう意味でも実験よりも早く結果の得られるシミュレー

ション・ツールを最初に開発したのは正解だったと言える。そのような数多くの試行錯誤の中から「電極対数（ついすう）重み付け設計」という方法を発見し、それが開発のキー技術となり製品化につながった。この設計法はアメリカで特許が成立した。それは入力および出力電極の間隔を変えて弾性表面波の反射波の位相を変えたA社独自の設計である。またパッケージの開発も進み、世界で初めて表面実装可能な携帯電話の高周波Sフィルタを世に送り出すことができた。当時使用されていた誘電体フィルタに比較して体積で1/33、重量で1/30であった（図6-2）。限定ユーザー向けに販売され始めていた他社のSフィルタに比較しても体積で1/5、損失も1/2と良好な特性であったために各社の携帯電話に採用された。この第一段階での成功は「とにかく可能性のあるものは手数がかかってもやってみることによるものだった」と、リーダーSは述べている。彼は、「天才的ひらめきのある人なら別だが、凡人が新しいアイデアを出そうとしたら、数多くの試行錯誤は避けられず、それを厭わずに実行させることが成功につながると思う。きれいごとでは現実にはうまくいかないと思う」と言う。

　その後、Sフィルタの耐電力性向上の開発を行なっていた時も、手数の多い実験が新しい材料の発見につながった。電極を多層化することで耐電性が向上することは半導体の分野で知られていたため、当初はそれをSフィルタ

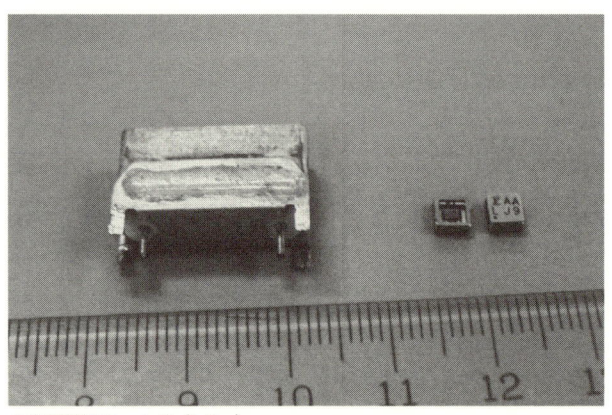

左は誘導体フィルタ（1.2cc）
右は3.8mm角のSフィルタ（0.02cc）

図6-2　Sフィルタの小型化効果

の分野にも適用することが考えられた。しかし，どんな材料を使うべきかについては，皆目分からなかった。そこで，半導体の分野で使われていたものを実験するばかりでなく，その時もっていたスパッタ・ターゲットを使って，試せるものは全て試された。もちろんやみくもにではなく，理屈はつけてある程度選択はしていたが，可能性のあるものはできる限り試された。その粘り強い努力の中からAl-Cu/Cu/Al-Cuの3層構成の電極材料が発見された。耐電力性は0.2Wから1Wまで改善でき，Sフィルタの応用分野を大きく拡げた。

　Sフィルタは，A社の研究所にとってまったく初めて取り組む分野であった。このチームには，リーダーSのほかメンバーが5名いる。リーダーSが電子学科出身，サブ・リーダーS1と一番若いメンバーS4が電子学科，他の3名が物理，応用物性，金属の各学科と多様であるが，その他の点では特に異質と言える人がいるわけではない。なお，大学時代にSフィルタを研究していた人が入社したこともあるが，その時にはまだこのチームが発足する前で，A社の研究所がSフィルタの研究を始めていなかったので他の部に配属されている。リーダーSは，Sフィルタを始める前はバブルメモリーの研究に従事していた。Sフィルタは技術的にはバブルメモリーと，S1がやっていた静磁波デバイスが合体してできたといえる。このチームの成果は，専門の人から見ると絶対できないと思われていたものである。専門でないこのチームの研究員らは，無知がゆえにできた。難しさを知らなかったので何にでも挑戦できた。学会発表時には，社外のSフィルタの「専門家」と言われる人達が，「量産化は困難」とコメントしていた。S1は「素人は一度は必死にならなければいけないので，それがいい結果をもたらすのかも知れない」と言っている。

　携帯電話をさらに使いやすくするためには，小型軽量化するとともに消費電力を下げて使用可能な時間を長くすることが必要である。フィルタの損失を大幅に改善しなければならない。初めの段階で開発したフィルタの損失の要因を分析した結果，従来行なわれてきた設計方法では限界があり，まったく新しい設計方針が必要であることが分かった。

　そこでまたシミュレーション・ツールを作成し，それを使っていろいろな

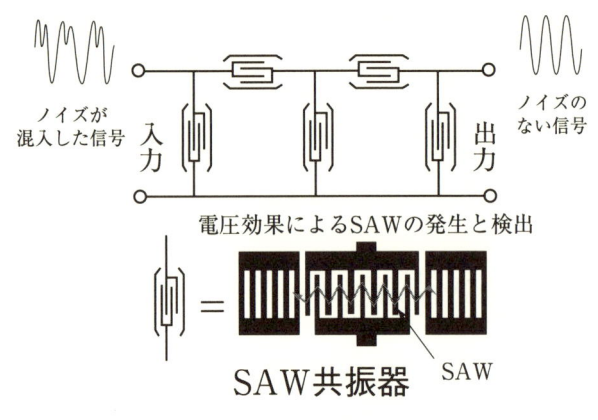

図6-3　ラダー型Sフィルタ

方法を試していた。しかし，今度はなかなかいいアイデアが浮かばず，ともすると他社がやっていた方法に安住しかかる時があった。その特性はバンド・パス・フィルタ型でなくバンド・リジェクト型であった。機能的にはそれでも十分であったが，ある研究員は妥協を嫌った。あくまでも初志貫徹を考えていた。そこには「バンド・パス・フィルタ型で行きたい。できるはずだ」という強い意志が見えたので，リーダーSはそれを実行させた（個性，およびそれを取り込んだチーム・マネジメント）。そして開発途中でもいろいろ議論をしつつ進めた。その結果バンド・パス特性を持つラダー型Sフィルタの開発に成功した（図6-3）。

　こうして櫛の歯電極の両側に弾性表面波を反射するための短絡した電極を配置した構成のS共振器を直列，並列に接続したSフィルタが開発された。従来必要であったインピーダンス整合回路も不要となった。従来の4 dBから2 dBも低損失化でき，サイズも従来のものに比べ約50%に，整合回路が不要になった点も含めると実質的には約30%になった。これも世に初めて出すことができた。リーダーSは「一般的に言って，何か新しいアイデアを出す場合，一人の考えで全てを考えることは不可能である。通常の人（凡人）は人との議論の中からいろいろなことに気づくものであり，それがアイデアの土壌になるものと思っている。特に反対意見が出ている時ほど，新しい発展を生む機会があると感じている」と言っている。反対の意見，異質な意見

が出た時に，リーダーがそれを見逃したり潰したりせず，冷静に可能性を判断しやってみる，あるいはやらせてみることが重要であるといえる。

　携帯電話の急増する加入者に対応するために，各国ではさらに高い周波数である準マイクロ波帯 1〜3GHz の携帯電話システムの導入が開始された。わが国においても1994年4月から1.5GHz 帯の携帯電話システムのサービス開始が決定された。従来Sフィルタは準マイクロ波帯での損失が大きく，1.5GHz 帯の携帯電話への適用は疑問視されていた。このチームは第2段階で開発したラダー型Sフィルタの設計法をベースに設計検討を行なった結果，損失が800MHz 帯フィルタと同程度である1.5GHz 帯のフィルタの実用化に成功し，他社に先駆けて量産を開始した。さらに2.4GHz 帯無線LANおよび1.8GHz，1.9GHz 帯移動通信システム用フィルタの試作を完了し量産体制を整えた。

　このチームの研究については，事業部門と密に連携したことも特筆に値する。Sフィルタを製造する部門，および携帯電話を開発している部門との協力関係であり，特に後者の要望を早い段階でとらえることができたことが開発を早められた大きな要因であった（組織間連携）。携帯電話へのニーズ，特に小型軽量化のニーズをこのチームに伝えたのは事業部門であった。そのニーズを把握するのはリーダーSの役目である。相互の信頼関係も強く事業部門から頼られていた。教えられることと，教えることの双方があった。よいものを研究してもそれを実現する事業部がないチームもあるが，このチームはその点で恵まれていたと言える。このチームの場合，事業部門は二とおりある。一つは，Sフィルタを製造する部門である。ここから委託研究費をもらい，技術が完成すると技術移管をする。もう一つは，Sフィルタを使ってくれるところ，つまり携帯電話を開発している社内のユーザー部門である。ここからはいろんな仕様をもらったり，できあがったものを評価してもらったりして改善すべき点のコメントをもらう。たとえば，このチームは早い段階から携帯電話を開発している部門と接触を持ち，開発の進捗を相談してきた。そうすることにより，Sフィルタの開発の早い段階でエンド・ユーザーの要望を的確にとらえることができたのである。ユーザーが本当に必要な性能は何かが早く分かると，開発に無駄がない。また，ユーザー側も進んで

ろんな評価を与えてくれ何が不足かコメントをくれた。

　このユーザー部門との打合せには，Sフィルタを製造する部門の人も必ず同席していた。したがって，いざ使えるとなった時の製造部門での量産ライン構築も，非常に迅速かつ積極的であった。量産を前に製造部門から生産技術者が研究所へ来て数か月間で技術を習得していった。この過程で作られたサンプルは，ユーザーへ供給される試供品にもなった。また，表面実装のパッケージが必要であることは早い段階で製造部門の事業部も認識しており，この開発には研究所の人数が足りないこともあって，製造部門の事業部が積極的に協力してくれた。

　リーダーSは，「やはりよいものを開発すれば，あるいはよいものができそうだというポテンシャルがあれば，実際に研究開発に携わる研究員が燃えることはもちろんであるが，周りも積極的にその実現に向けて動いてくれると感じた」と述べている。

　以上のように，このチームでは三つの異質性要因（個性，それを取り込んだチーム・マネジメントおよび組織間連携）がチームの独創性につながったのである。チームの独創性につながることは，一般的にはメンバーの皆に一定のレベルと同質性が確保さえたうえで，メンバー間に少しのずれ（差異）がある，すなわちチームに多様性があるときに，メンバー間で議論が発生し，新しい発想に結びつくからだと考えられる。しかし，Sフィルタのチームではメンバー間に多様性があったわけではなく，Sフィルタという研究自体とチーム内の人々との間に距離があり，それが研究テーマと人々との間で議論を発生させたと見ることができよう。研究テーマから見れば，チームの全員が異質だったという解釈もできる。Sフィルタの専門家が不在で全員が素人であるという状況下で，チームの誰もが自由に考え，自由に自分の意見を述べることができたのである。「異分野経験」に関連した事例でもある。

6-2. 事例2「Bトランジスタ（仮称）」
　　　——大学における専門の多様性——

　この事例は，チーム得票ランキング第6位（6票）のT7チームのもので

あり，ハードウェア研究の分野で探索段階にあったものである．T7チーム自身のリーダーの個人得票は1票であった．メンバーの個人得票はなかったため，リーダーとメンバーを合わせた個人得票のチーム内合計は1票である．この事例を特徴づける要因は，大学における専門の異質性である．

このチームは，過去においてBトランジスタの研究に取り組んでいたが，ある程度進んだ段階で行き詰まってしまった．チーム内には材料が専門の者とデバイスが専門の者はいたが，電気電子の分かる者がいなかったのが原因であった．結果的にBトランジスタの研究には材料，デバイス，電気電子という三つの専門分野の知識が必要であったが，研究の初期段階ではそのことが明確に意識されておらず，研究が行き詰まった時に，一人の博士課程修了者が新人としてこのチームに配属された後に初めて明確に意識されるに至った．その新人がこのチームに配属されたことをきっかけに研究をさらに進めることができたのである．

現在使われているトランジスタの主なものは，MOSトランジスタである．これはシリコンの中の電気の通るチャネルの幅を変えるもので，電子またはホールの一方だけが通るものである．これに対し，古くからバイポーラ・トランジスタがある．これは電子とホールの二つのものが通る．HETはMOS，バイポーラのどちらとも違うものである．電子だけを使っているが，構造と動作はバイポーラ・トランジスタに近い．HE（ホット・エレクトロン）とはエネルギーの高い電子であるが，スピードが早いのが特徴である．

Bトランジスタは，共鳴トンネリング効果による高機能性とホット・エレクトロンの高速性を合わせ持った高速機能素子として注目されている．しかし，その機能を生かすためには従来と異なる回路構成にする必要があり，Bトランジスタを用いた集積回路は作られていなかった．材料技術とデバイス技術はチームにあったが，電気電子の技術がなかった．

B1が入社してこのチームに入る前から，Y室長（当時の職名）らによりBトランジスタは研究され，ホット・エレクトロン・トランジスタと共鳴トンネルを組み合わせればBトランジスタができることまでは分かっていた．しかし，それを実際に論理回路にし使えるものにするまでには至っていなかった．負性抵抗を示す基本的なデモンストレーションはできていたが，次

の段階をどうするかとか，特にどういう組み合わせをしたらよいかということは考えられていなかったのである。部品を他の部品と組み合わせることができず，まだ素材に過ぎなかった。他にどういう部品が必要かも見通しが立っていなかった。行き詰まっていたのである。

そうした中で，1987年4月にB1が入社し現在の所属に配属された。当時の彼の所属するチームの専門分野別構成は次のようであった。

① プロセス･････････････････････････2名
② 測定，パターン設計，デバイス構造･････1名
③ 理論（量子力学の計算）･･････････････2名（B1を入れて）

B1は③の理論担当であった。①のプロセスは材料およびデバイスに関わるものであり，②はデバイスに関わるものである。③の理論は①と②を支えるものであった。また，①～③のほかに結晶成長分野も必要であったが，これは他の部に依頼して研究してもらっていた。その部では1～2名がこれに携わっていた。これは材料に関するものであり，トランジスタ技術のもとになるものである。

B1は大学院博士課程を修了し入社したが，学部から大学院にかけて一貫して電気電子を専攻していた。その中でのテーマは超電導であった。当時のA社の研究所の，超電導に関する研究チームでは特に人を必要とする状態ではなかったので，超電導を専門としない上記チームに配属された。彼は，特に回路が専門というわけではなかったが，高校時代から大学の学部時代にかけ，ラジオやマイコンを自作し趣味的に回路を勉強しており，また「トランジスタ技術」等の雑誌をよく読んでいた。

上記のチームでB1は理論を担当することになったが，彼はこのチームで研究を進めていくうちに，チームに電気電子的な発想が十分にはないことに気づいた。そのB1が，電気電子的な発想を基にBトランジスタを用いてNOR回路，E-NOR回路，状態保持回路およびラッチ回路を次々と提案するに至った（図6-4）。特にE-NOR回路とラッチ回路では，Bトランジスタの特徴である負性抵抗を生かすことで，少ないトランジスタで回路を構成

第 6 章　事例研究　83

〔NOR回路〕

〔状態保持回路〕

〔E-NOR回路〕

〔ラッチ回路〕

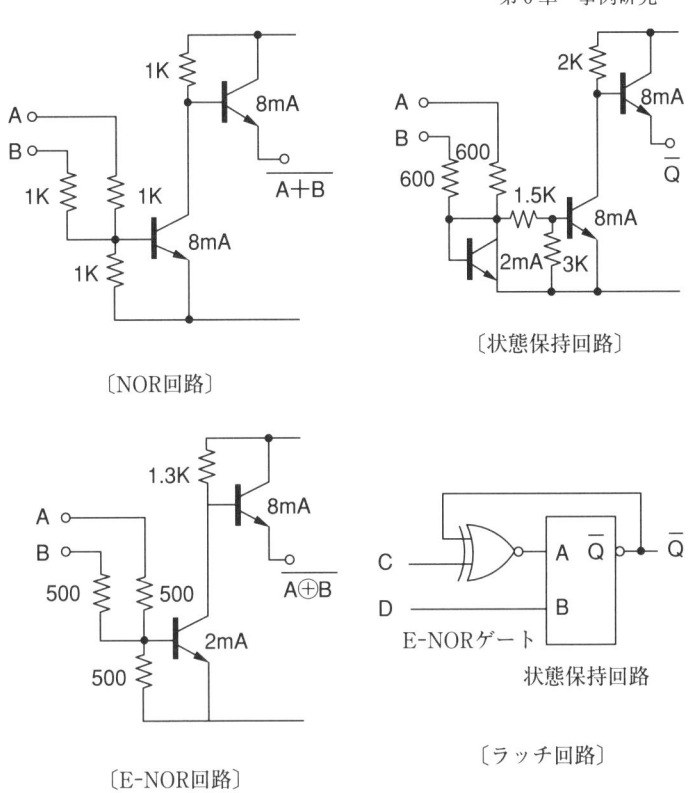

（出所）『信学技報』（電子情報通信学会　技術研究報告）90(18)，p. 2

図6-4　Bトランジスタの各回路

できたのである．試作には InGaAs（インジウム・ガリウム・ヒ素）系のBトランジスタが用いられた（図6-5）．これらの回路は，実測により正しく動作することが確認された．これらの回路は普通では作りにくいものであるが，共鳴トンネル効果に基づく負性抵抗を利用することで簡単に構成することができたのである．Bトランジスタの特徴を生かして，使いやすい部品をある程度そろえることができたわけである．さらに，Bトランジスタの構造を少し変えたマルチ・エミッタ型のものも試作された．これにより，従来の素子を用いた回路に比べ素子数を大幅に少なくすることができた．

　このチームでは，管理職であるY室長の下，二人いたプロセス担当のう

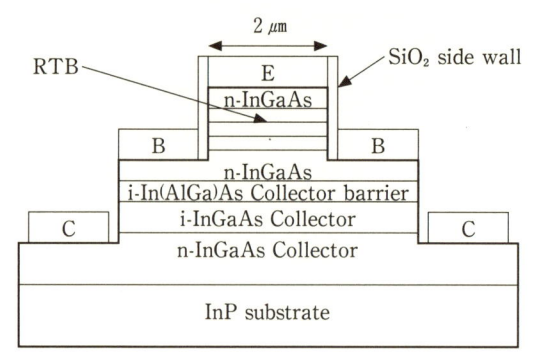

```
         2 μm
RTB      E      SiO₂ side wall
       n-InGaAs
     B          B
       n-InGaAs
    i-In(AlGa)As Collector barrier
  C  i-InGaAs Collector   C
       n-InGaAs Collector
         InP substrate
```

(出所)『信学技報』(電子情報通信学会 技術研究報告)
90(18), p.3

図6-5 Bトランジスタの素子の断面構造図

ちの一人がリーダーを務めていた。リーダーはある程度のスケジュールの管理，測定結果の解釈，次期試作の仕様決定等のためディスカッションの場を設けたりしていたが，普段は各自が比較的自由に活動していた。インフォーマルなディスカッションは適宜行なわれていた。

この事例は，チーム内に材料が専門の者とデバイスが専門の者しかいなかったチームに，電気電子的な発想ができる新人が入社し，このチームに配属されたことをきっかけにブレークスルーが起こったことを示している。つまり，材料，デバイス，電気電子という三つの異質な専門がチーム内にあって初めて研究を推し進めることができ，独創的な技術を生み出すことができたのである。研究段階としては，初期の段階ではなく研究がある程度進み行き詰まった時に異質性が効いたと言える。大学における専門の多様性そのものが直接独創性に効いたものである。

6-3. 事例3「電子コミュニティ」
―――異分野経験および異質性取り込み・混合のチーム・マネジメント―――

この事例は，チーム得票のランキング第1位（15票）のT1チームのものであり，ソフトウェア研究の分野で開発段階にあるものである。リーダーの個人得票は0票であった。メンバーの個人得票が1票なので，リーダーとメ

ンバーを合わせた個人得票のチーム内合計は1票であった。この事例を特徴づける要因は，異分野経験および異質性取り込み・混合のチーム・マネジメントの二つである。情報研究部門のチームにとっては異分野である通信研究部門の出身者が2名も，このチームにはいる。そのようなメンバー達をチーム内で自由に議論させたチーム・リーダーの役割も大きい。

　ソフトウェア研究の分野では，「何を」，「どのように」実現するか，という研究ターゲットの設定のうちで，「何を」の部分がかなりのウェイトを占めている。このチームのリーダーCは，「何を作るかに，相当の思考と時間を費やす。何を作るかが明確になれば，研究の50％は完成したも同然だ」と言う。さらに「異質性は研究の全フェーズで効くが，特に研究の最初の段階で何を作るかを議論する際に異質な経験が混入する度合が大きいほど新規性が高まる傾向が強い」と言う。また，このチームの属する情報サービス研究部のM部長は，「ソフトウェア部門は新しいものを取り入れる分野で，過去のものは脱ぎ捨てなければならない。新しいものに直接遭遇するのは新人も課長も同じである」と言う。

　d地区からa地区への部全体の移転が半年後に迫っていた1993年，a地区で新たに推進するメインの研究テーマをあらかじめ決める時期となり，新たに発足したテーマは，「マルチメディアのためのプラットフォームを作る」というものになった。マルチメディアというキーワードが含まれていれば，どんな内容でもよかった。ただし，日本の企業は眼中になく，カリフォルニアのベンチャーが競争相手だと認識されていた。このテーマの下で具体的に何を研究するかにつき，若手（新人が2名）を中心に5～6名で議論を重ねた。新人はもちろん中堅社員も，ビデオ編集ツール，画像認識，コンピュータ・グラフィックス，などそれぞれの入社後のバックグラウンドとする分野は異なっていた。このチームのような情報研究部門のチームにとっては異分野である通信研究部門の出身者が2名もいた（異分野経験）。入社前の経歴という意味ではコンピュータをやってきた人が多く，その意味での異質性はない。また，文科系の人もいないし特に個性的な人もいない。

　それぞれが属するグループも当時は異なり，本業の合間に集まって討論するという状況だった。討論では誰が主導するというわけではなく，新人も中

堅社員も対等な関係で話を進めた。混乱するような場合には比較的年齢の高い者が司会役として話題を整理した。また，以下の一連の議論の場には管理職は入っていなかった。チーム内で議論を自由にさせたリーダーの役割は大きい（異質性取り込み・混合のチーム・マネジメント）。

　まず「ニーズ指向で行こう」という基本方針を全員一致で固めた。つまりそれまでの仕事の絡みや延長は一切考えず，市場の要求あるいは自分たち自身が欲しいものを作ろうというやり方である。自分が使いたくないシステムが他人に買ってもらえるとは思えないと考えた。各人の今までの仕事はそれぞれ終息期を迎えており，ニーズ志向という観点での新たなテーマ選定が望まれていた頃でもあった。

　次に「自分が欲しいと思っている技術」をメンバーそれぞれが宿題として考え，それを持ち寄って討論した。いわばブレーン・ストーミングである。このような議論の場でも，強力な誘導を行なうようなリーダーシップを持つ者はいなかった。それぞれが対等に自分の案を説明し，質疑をした。討論は技術的な妥当性の他に，市場性や実現予想時期，そして「研究自体の面白さ」まで含めて行なった。

　各人がそれぞれの案を提起し，討論するうちに根拠が曖昧な案や現実味の低い案はだんだん淘汰される一方，比較的似たアイデアあるいは近親関係にあるアイデアを総合する方向に進んだ。たとえばC1は「テレビのようなリアルな画面でバーチャル・リアリティを実現したい」という案を，C2は「もっとリアリティのあるコンピュータ・グラフィックスを」という案を，そしてC3は「ビデオ映像を手軽に編集できるものを」という案を，それぞれ各自の経験をもとに出したが，これらは「手軽さ」と「リアリティ」というキーワードで総合できるものである。そこに目をつけ，「ビデオ映像とコンピュータ・グラフィックスを融合して，手軽にバーチャル・リアリティを実現する」というコンセプトにまとめた。このまとめ作業も一人が主導したわけではなく，ごく自然発生的に議論が進んだが，侃々諤々大議論があったというわけではない。リーダーCは，「特定の技術分野の経験に縛られていると，あまり奥行きのない（即日的実用性は高いが，夢がない，あるいは将来性がない，など）研究になりがちだ」という。

以上のようにおおざっぱに研究方向を決めたあと，それぞれの得意分野，すなわち，それまで経験してきた技術畑に戻って，どのような公知技術があるのか，どのようなアプローチが妥当か，などを調査・吟味した．そして，再度それらを持ち寄り，大方針となった「手軽なバーチャル・リアリティ」をどのように実現するかを討論した．メンバーそれぞれの得意分野での吟味を済ませてあるので，それらを総合したグランド・デザインの作業は速かった．また実行計画も，それぞれの要素技術の担当者は自然に決まるので（CG が関与する部分はそれが得意な者等々），全体のスケジュール調整等に配慮するだけで研究は進められるようになった．全体調整は年長者が行ない，最終的に管理職であるリーダーCに説明して承認され，「電子コミュニティ」のテーマが発足した．

　a 地区の研究所に移動した後，このテーマは「サイバースペース」（図6-6），「スケッチビジョン」（図6-7）などの形で分化した．平成 8 年度にはいずれも製品を完成し社内外で大きな評価を得ることができた．代表的なものが「CyberCommunity」というインターネット上に構築された 3 次元コミュニケーション・サービスである．利用者は自分の分身であるアバターを操作して，会話をしたり店をのぞいたりイベントに参加したりすることができる．街中の店や看板，イベント・ブースは，それぞれの Web サービスと連携しており，さまざまな情報を入手することもできる．街角にたくさんある小さなドアはイベントへの入口であり，3D-CG で作られた住宅展示場やイースター島の探検，妖怪博物館等々につながっている．この CyberCommunity を実現しているのが AGORA アーキテクチャーである．リアルタイム・ネットワーク技術，高速 3 次元グラフィックス表示技術，VRML（Virtual Reality Modeling Language）を初めとするインターネット標準技術などに支えられている．

　情報サービス研究部の属するパーソナルシステム研究所は，所長があまりうるさく言わずに主任研究員レベルに通常の仕事は任せており，雰囲気は明るい．メンバー達も自由にやらせてもらっている，と思っている．d 地区にある事業部から遠く離れているので監視されているということがない．リーダーCは，この研究がうまくいった理由を次のように考えている．

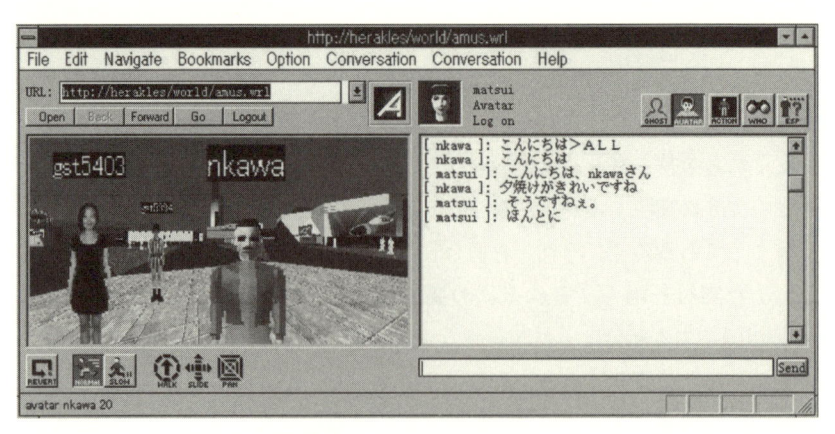

図6-6　サイバースペース

図6-7　スケッチビジョン

(1) 所定の題目が，マルチメディアという「横断的」テーマであったこと。一つのメディア技術に閉じこもるわけにいかず，必然的に他の技術分野（異分野）に目を向けざるを得なかった。したがって異分野の技術者と討論することが暗黙の前提となっていた。同質的な集団だと，「何を」作るかの議論の際に，どうしても視野を大きく広げた発想が出にくく，今までの技術路線を無批判に繰り返しかねない。

(2) 討論が対等であったこと。「今まで経験した技術分野のノウハウは生かせるだろう」，しかし「これからの新しいテーマは他人の意見を取り入れないと決められない」という意識が全員にあった。したがって各人が他人の意見を同等に尊重した。
(3) 「各人が好きなことを提案する」という基本方針を堅持して，押しつけをしなかったこと。徐々に議論の的を絞る際にも，あくまで全員が納得できる形にした。
(4) 同じ分野の技術者同士よりも，他人の批判に謙虚になれたこと。距離を置いて見られるので，異分野の者からの批判は意外に的を射ていることが多い。技術が細分化され縦方向に深くなりつつある状況では，むしろ横の異分野にいる者とのほうが，蛸壺的議論に陥らずに巨視的な話がしやすいのかも知れない。
(5) 討論を重ねるうちに，知識や背景を共有できるようになったこと。「なぜそのような発想に至ったか」，「なぜそのような要求が出るのか」など各人の意見の背景が他人にも理解できるようになっていた。誰か一人が提案したテーマを他の者が鵜呑みして追随するのではなく，互いに知らなかったそれぞれの背景事情を共有できるようになり合意しやすくなっていた。
(6) 時期がよかったこと。パソコンの低価格化やインターネットの爆発的流行と重なり，「研究のスピード・アップ」と「割り切り」の重要性が一つの価値基準として研究員に強く自覚されはじめていた。

以上のように，このチームでは，二つの異質性要因（異分野経験および異質性取り込み・混合のチーム・マネジメント）がチームの独創性につながったのである。

この事例はソフトウェア研究の分野のものであり，研究の最初の段階での議論の際に多様性が効いたといえる。情報研究部門のこのチームには異分野である通信研究部門の出身者が入っていた。そして，リーダーがそのようなチーム内での議論を自由に行なわせた。前者は「異分野経験」であり，後者は「異質性取り込み・混合のチーム・マネジメント」に関連している。

第7章

アンケート調査の統計的分析

　アンケート票では，独創性があると思うチームと個人を聞いただけではない。メンバー用，チーム・リーダー用に共通の項目として海外留学歴，コミュニケーション，性格など68項目があった。また，チーム・リーダー用にのみある項目が，社外との提携やチーム・マネジメント，組織文化，チームの論文数や開発した新技術数など35項目あった。これら全部の項目を取り入れて次の手順で分析を行なったところ，独創性のあるチームは多様性を持っていることが分かった。

7-1. 単純集計結果から見た独創性のあるチーム

　まず，チーム得票が多い（6票以上）チームについて，どのような特徴があるかを単純集計により探った。T4チームのデータは完全には回収できなかったので，T1〜T3，T5〜T7の6チームの各々のデータと，これらを除いた182チームの平均の値を全変数につき比較した。その結果，得票の多い6チームのすべて，あるいは5チームが，182チームの平均より大きい値をとっているか，または182チームの平均より小さい値をとっている項目を抽出したところ全部で13項目あった。
　得票が多い6チームすべてが，182チームの平均より大きいか小さい値をとったのは2項目であり，いずれも異質性に関連するものである（表7-1）。第1は，個人との提携・共同研究である。182チームの平均は1.95であるの

に対し，得票が多い6チームのすべてが「なし」と答えている。提携・共同研究と言っても企業や国，大学との提携もあり，個人との提携はそれ自体あまり数が多いわけではないので，この結果はあまり大きな意味はなさそうである。

第2は，チーム・リーダーへの質問で，「チームの研究開発テーマを決めるにあたり，メンバーが意見を述べることを認めているか」である。182チームの平均は1.52であるが，得票が多い6チームはすべて「全くそのとおり」（選択肢1）と答えている。リーダーのチーム・マネジメント・スタイルのうち，メンバーの異質性を引き出す一つの側面について質問したものであるが，得票の多い6チームすべてが「全くそのとおり」と答えているのは重要である。

次に，得票が多い6チームのうち5チームが残りの182チームの平均より大きいか，または小さい値をとったのは11項目あった（表7-2）。そのうち5項目（この図表の(1)〜(5)）が異質性に関連するものである。2項目（この表の(6)と(7)）は異質性に直接は関連しないもの，あとの4項目（この図表の(8)〜(11)）が研究開発成果に関連するものである。

表7-1 得票が多い6チームのすべてが，あとの182チームの平均より大きい値，または小さい値をとった項目（2項目）

チーム名	①個人との提携・共同研究	②テーマを決めるにあたりメンバーに意見を述べさせるか
T1	2	1
T2	2	1
T3	2	1
T5	2	1
T6	2	1
T7	2	1
他の182チーム平均	1.95	1.52
	1．ある 2．ない	1．全くそのとおり 2．どちらかと言えばそうだ 3．どちらとも言えない 4．どちらかと言えば違う 5．全く違う

第7章 アンケート調査の統計的分析

表7-2 得票が多い6チームのうち5チームが，あとの182チームの平均より大きい値，または小さい値をとった項目（11項目）

チーム名	(1)チーム内の人数	(2)海外出張頻度（最近3年間）	(3)他人と同じことをするのが好きか	(4)芯が強く負けず嫌いか
T1	11	2.00	3.64	2.91
T2	7	2.00	3.71	2.57
T3	12	1.09	3.73	2.64
T5	3	2.67	4.33	3.33
T6	7	2.29	3.71	2.57
T7	7	2.14	3.85	2.14
他の182チーム平均	4.71	1.62	3.69	2.51
	人	1. ゼロ 2. 1回 3. 2回 4. 3回 5. 4回以上	1. 全くそのとおり 2. どちらかと言えば好き 3. どちらとも言えない 4. どちらかと言えば嫌い 5. 全く嫌い	1. 全くそのとおり 2. どちらかと言えばそうだ 3. どちらとも言えない 4. どちらかと言えば違う 5. 全く違う

チーム名	(5)研究・技術以外の部門（例：営業）との連携	(6)チャレンジ精神のある人が多くいるか（部門の文化）	(7)過去の成功体験が伝承・尊重されているか（部門の文化）
T1	2	2	3
T2	2	2	3
T3	1	2	3
T5	2	2	2
T6	2	2	3
T7	2	3	3
他の182チーム平均	1.80	2.47	2.65
	1. ある 2. ない	1. 全くそのとおり 2. どちらかと言えばそうだ 3. どちらかと言えば違う 4. 全く違う	1. 全くそのとおり 2. どちらかと言えばそうだ 3. どちらかと言えば違う 4. 全く違う

チーム名	(8)中央表彰・研究所社長賞（最近3年間）	(9)新技術開発件数（最近3年間）	(10)新製品開発件数（最近3年間）	(11)会社の売上に貢献したと思うか
T1	1	3	1	1
T2	2	3	2	1
T3	1	3	1	1
T5	3	5	3	1
T6	1	2	2	1
T7	0	3	0	2
他の182チーム平均	0.35	2.16	0.51	1.60
	件数を記入	件数を記入	件数を記入	1. 思う 2. 思わない

注）(1)～(5)が異質性に関連する項目
　　(6)～(7)が異質性に直接は関連しない項目
　　(8)～(9)が研究開発成果に関連する項目

最初に，異質性に関連する項目から見る。第1は，チーム内の人数である。182チームの平均が4.71であるのに対し，得票の多い6チームは12人，11人，7人，7人，7人，3人で，これら6チームの平均は7.83人である。人数が多いということは，それ自体異質性を増す要因であることは確かである。しかし，あまり多くてもよくないと思われ，適正な規模というものはあるものと考えられる。

　第2は，海外出張頻度（最近3年間）である。182チームの平均が1.62（ゼロ回と1回の間）に対し，得票の多い6チームのうちの5チームが2以上3未満（1回以上2回未満）となった。海外出張は，研究開発に関連する情報収集（異質性の取り込み）の場合と，研究開発成果を海外の学会等で発表しに行く場合があるので，ただちに独創性に効いているとは言えないが，海外出張頻度と独創性のあるチームには関係があることは確かだと言える。

　第3は，他人と同じことをするのが好きかどうかを聞いたものである。182チームの平均が3.69「どちらとも言えない」と「どちらかと言えば嫌い」の間）であるのに対し，得票の多い6チームのうち5チームが，それより大きい値（より「全く嫌い」に近い）であった。他人と同じことをするのが嫌いという性格は，「他人と同じことをやっていれば安心」という日本の文化の中で，自己の中の異質性を大切にするということであり，重要である。ただし，数値自体は，T5の4.33を除き182チームの平均（3.69）とそれほど大きな違いはなかった。

　第4は，「芯が強く負けず嫌いか」を聞いたものである。182チームの平均は2.51（「どちらかと言えばそうだ」と「どちらとも言えない」の間）で，得票の多い6チームのうちの5チームがそれより大きい値であった（より「全く違う」に近い）。芯の強い人たちの集まりの中から，異質性がぶつかりあい独創性が生まれるのではないか，という予想に反する結果であった。「主体性と協調性のどちらを大切にするか」という質問（質問番号19）の結果（得票が多い6チームのうち4チームが，182チームの平均より「ほとんど協調性」に近い）ともあいまって，他人と同じことをするのを好まない一方で，協調性を重視し，さほど芯が強いわけでもないという姿がうかがえる。

第5は，チーム・リーダーへの質問で，チームが研究，技術以外の部門，たとえば営業部門など，との連携をしたことがあるか，を聞いたものである。182チームの平均は1.80（80％のチームが「ない」）であるのに対し，得票の多い6チームのうち5チームが「ない」であった。比率的にはほぼ同じである。

以上が異質性に関連する項目である。次に異質性に直接は関連しない項目を見る。第6は，チーム・リーダーに部門（統括部レベルの研究所）の組織文化を聞いたもので，リスクがあっても新しいことに積極的に取り組んでいこうというチャレンジ精神のある人が多くいると感じるかどうか，である。182チームの平均が2.47（「どちらかと言えばそうだ」と「どちらかと言えば違う」の間）であったのに対し，得票の多い6チーム中5チームが「どちらかと言えばそうだ」と答えた。独創性のあるチームはチャレンジ精神のある人が多い組織文化から生まれている，と言えそうである。

第7も，チーム・リーダーに組織文化について聞いたもので，「部門内での過去の成功体験が広く伝承され尊重されていると思うか」である。182チームの平均の2.65（「どちらかと言えばそうだ」と「どちらかと言えば違う」の間）に対し，得票の多い6チーム中5チームが「どちらかと言えば違う」と答えている。これは，過去の成功体験が尊重されていないというよりも，「過去にとらわれることが少ない」と解釈した方がよさそうである。過去にとらわれないことが，異質性ないし異質性を尊重することにつながるからである。独創性のあるチームは，過去にとらわれることが少ないと言えそうである。以上の第6，第7として述べた二つの項目が，異質性に直接は関連しない項目である。

第8〜第11は，研究開発成果に関するもので，最近3年間に限った数を聞いている。このうち第8〜第10の三つは選択肢から選んでもらう方式ではなく，数を記入してもらっている。第8は社内表彰（中央表彰と研究所社長賞の合計）の受賞件数である。182チームの平均は0.35（回）であるのに対し，得票の多い6チームのうち5チームが1〜3と答えている。6チームを平均すると1.33であり，182チームの平均を大きく引き離しており，明らかな差がある。

第9は，チームの新技術開発件数である。182チームの平均が2.16であるのに対し，得票の多い6チームのうち1チームが5件，4チームが3件，そして1チームが2件と答えている。6チームを平均すると3.16であり，これも182チームの平均を大きく引き離しており，明らかな差がある。

第10は，チームの新製品開発件数である。182チームの平均が0.51であるのに対し，得票数の多い6チームのうち1チームが3件，2チームが2件，他の2チームが1件，そして1チームが0件と答えている。6チームの平均は1.5であり，182チームの平均と大きく違う。

第11は，「会社の売上伸長に貢献したと思うか」である。182チームの平均が1.60（「思う」より「思わない」にやや近い）に対し，得票数の多い6チームのうち5チームが「思う」と答えており，6チーム平均では1.16で「思う」に近い。

思うに，特許や論文が数字でとらえることができる客観的指標であるのに対し，第8～第11の研究開発成果はやや主観も入った指標である。そのうち，新技術，新製品および売上貢献は，チーム・リーダーが主観的に自己評価した結果である。社内表彰は社内のチーム外の者による主観的評価の結果である。この4項目については，チーム得票の多い6チームと他の182チームとの間に大きな差があった。このことからも，チーム得票という主観的な独創性指標は，論文や特許出願の数といった客観的指標よりは上記のような四つの主観的指標に近い面があると言えそうである。

7-2. 統計的分析

(1) カイ2乗検定

まず，アンケート票のメンバーとリーダーに共通の項目とハード・データを各々チームごとにくくり，全項目につきチーム内平均を算出した。これに，リーダー用のアンケート票の後半の，そのチーム全体について聞いている部分も加えてチームのデータとし，各質問項目ごとに高低2群に分けた。

一方，チーム得票を見て，得票が2票以上のチーム（33チーム）と1票以下のチーム（155チーム）の2群に分けた。前者が独創性のあるチーム，後

第7章 アンケート調査の統計的分析

表7-3 チーム得票（2群）対，各項目（2群）のカイ2乗検定結果

	項　目	2群への分け方 （各群のチーム数）	p値	CramerのV係数
1	海外留学経験 （大学，研究機関）	経験ある者がチーム内にいるか，いないか。いる，いないの順に（以下同様） （35：153）	0.001	0.318
2	チームの規模	リーダーとメンバー合計数が全チームの平均（4.81）より多いか，少ないか （88：100）	0.001	0.296
3	海外出張頻度 （最近3年間）	チーム内の平均数が全チームの平均より多いか，少ないか （74：114）	0.001	0.287
4	配転者	他の研究部門からの配転者がいるか，いないか （7：181）	0.001	0.279
5	海外在住経験 （入社以前で留学を除く）	経験ある者がチーム内にいるか，いないか （24：164）	0.001	0.242
6	A社グループ内の企業との提携・共同研究	チームとして，やったことがあるか，ないか （94：84）	0.005	0.208
7	修士課程が学部時と違う大学 （大学の名称）	そういう者がチーム内にいるか，いないか （49：139）	0.005	0.204
8	出身学科の多様性	出身大学等の学科の標準偏差が全チーム平均より大か小か （68：120）	0.016	0.176
9	性格（他人と同じことをするのが好きか嫌いか）	チーム内の平均が全チームの平均より多いか，少ないか （81：107）	0.016	0.176
10	大学の研究者との提携・共同研究	チームとして，やったことがあるか，ないか （91：88）	0.025	0.167
11	A社グループ外の企業との提携・共同研究	チームとして，やったことがあるか，ないか （61：117）	0.038	0.155
12	パソコン通信利用頻度	チーム内の平均が全チームの平均より多いか，少ないか （103：85）	0.050	0.143
13	チームメンバーが情報を積極的に取り込むことを，リーダーが支援	5段階の回答が全チームの平均より高いか，低いか （88：100）	0.080	0.128
14	データベース利用頻度	チーム内の平均が全チームの平均より多いか，少ないか （88：100）	0.080	0.127
15	チームの研究開発テーマを決めるにあたりリーダーがメンバーに意見を述べさせる	5段階の回答が全チームの平均より高いか，低いか （106：82）	0.089	0.124

者が独創性のあまりないチームである。ここで得票が1票のチームを独創性のないチームに含めたのは、1票だけというのはたまたま得られたに過ぎないかも知れず、客観性を確保するためにチーム得票が2票以上あるチームを独創性のあるチームとした。なお、全チームの平均得票数は1.08票なので、2票以上というのは平均よりも多いチーム得票のあったチームとも言える。

上記の2群対2群でカイ2乗検定を行なった。そして、有意確率pの値の低いものを10%水準まで抽出したところ、15変数が得られた。これを表7-3に示す。この表には、参考のためにクロス表の相関係数であるCramerのV係数も記載してある。これらの変数を独創性の指標であるチーム得票との関連性が強い変数と考えて、これ以降の分析が行なわれた。なお、パソコン通信利用頻度はアンケートでの質問の仕方が適切でなかったことが回収後に分かったため、残る14変数がその後の分析に用いられた。

(2) 因子分析

次に、カイ2乗検定で抽出した変数のうち14変数を一括して因子分析にかけ、固有値が1以上という基準で因子を選んだところ、次の六つの因子が抽出できた（表7-4）。ここではバリマックス回転後の因子負荷量によっている。

第1因子で、チームの規模、海外在住経験、出身学科の多様性の3変数の負荷量が大きい。チームの規模が大きいと、多様な知識、考え方、性格などが入ってくる可能性が高いし、コミュニケーションのチャネルも多くなる。第1因子に負荷量が大きな他の変数も考慮すると、ここでのチームの規模は上記のうち知識や考え方の多様性についてのものであると考えられる。海外在住経験は、入社前でしかも留学以外の経験である。おそらく未成年のころの海外経験であり、日本におけるとは異なる考え方に触れていると考えられ、海外出張、留学という目的のある海外経験とは異なる要因と言える。この因子を「多様な知識・考え方の因子」と呼ぶことにする。

第2因子は、チーム・メンバーが情報を積極的に取り込むことについてのチーム・リーダーの支援、およびリーダーが研究開発テーマを決めるにあたってメンバーに意見を述べることを認めているか、の2変数の負荷量が大きい。いずれもリーダーのチーム・マネジメントに関する質問項目によるも

第7章 アンケート調査の統計的分析

表7-4 因子分析結果

(a) 固有値

因子	第1	第2	第3	第4	第5	第6	第7	第8	以下略
固有値	2.0445	1.5248	1.3805	1.2954	1.1923	1.0515	0.9715	0.8727	
累積寄与率	0.1460	0.2550	0.3536	0.4461	0.5313	0.6064	0.6758	0.7381	

(注) 第9因子以下は省略

(b) 因子負荷量（バリマックス回転後）

	第1因子	第2因子	第3因子	第4因子	第5因子	第6因子
	多様な知識・考え方	異質性取り込み・混合のチーム・マネジメント	海外や大学との接触	組織間連携	異分野経験	多様な性格・個性
1. 海外留学経験	0.39717	-0.07191	0.61331	-0.02448	0.29790	-0.17228
2. チームの規模	0.72866	-0.11974	-0.02374	0.21251	0.05234	0.19909
3. 海外出張頻度	-0.13881	0.08202	0.75145	-0.00254	0.16123	0.05710
4. 配転者がいる	0.33069	0.20546	0.07419	0.13227	0.43898	-0.01314
5. 海外在住経験	0.48802	0.12381	0.06817	-0.05669	0.36540	0.05889
6. A社グループ内での提携等	-0.01678	-0.02842	0.03399	0.78402	0.34385	-0.15050
7. 修士課程が学部と違う	0.31770	-0.12828	0.11076	-0.01043	-0.08066	0.73754
8. 出身学科の多様性	0.62035	0.16268	-0.07033	-0.11105	-0.17082	-0.09870
9. 性格（他人と同じことが嫌い）	-0.20063	0.16258	0.04706	-0.04537	0.29195	0.67560
10. 大学の研究者との提携等	-0.00832	0.08907	0.71857	0.06723	-0.27237	0.19843
11. A社グループ外との提携等	0.05979	-0.00949	0.01137	0.78694	-0.32417	0.08584
12. メンバーの情報取込みへの支援	0.05907	0.82165	0.09590	0.02594	0.02537	-0.16418
13. データベース利用頻度	-0.06529	-0.09344	0.01315	-0.04386	0.67200	0.11963
14. メンバーに意見を述べさせる	0.06448	0.82173	0.02016	-0.06394	-0.01924	0.18666

(注) アンダーラインは因子負荷量0.4以上を示す。「12. メンバーの情報取込みへの支援」および「14. メンバーに意見を述べさせる」は，チームのマネジメントに関連するチーム・リーダーへの質問項目

のであり，「異質性取り込み・混合のチーム・マネジメントの因子」と呼ぶことにする。

第3因子は，海外留学経験，海外出張頻度，大学の研究者との提携・共同研究，の3変数の負荷量が大きく，「海外や大学との接触の因子」と呼べる。

第4因子は，A社グループ内の企業との提携・共同研究，およびA社グループ外との提携・共同研究，の2変数の負荷量が大きく，「組織間連携の因子」と呼ぶ。チーム・リーダーがA社グループ内外の企業との連携や共同

研究をすることを決めることは、多様性もしくは異質性という観点から見ると、チーム内にはない異質なものがチーム外から入ってくるような環境を整えるという意義がある。

第5因子は、チーム内に他分野で研究した経験のある配転者がいるかどうか、データベースの利用頻度の2変数の負荷量が大きい。データベースの利用は、他分野経験者が絶対的に少ない中で、それを補っているものと考えられる。この因子を「異分野経験の因子」と呼ぶ。

第6因子は、修士課程の大学名が学部時と違うかどうか、および性格的に他人と同じことをするのが好きか嫌いか、の2変数の負荷量が大きい。修士課程への進学にあたり多くの者が学部時と同じ大学を選んでいる（今回の調査では570名が同じ大学、71名が違う大学）現状をも踏まえ、この因子を「多様な性格・個性の因子」と呼ぶことにする。

これら六つの因子を既存の研究（野中、1990；竹内・石倉、1994）などを参考に分類してみると、第1、第3、第5および第6の4因子は、チームの構成メンバーの多様性もしくは異質性に関するものであり、第2と第4の2因子は異質性取り込みなどのリーダーのチーム・マネジメントに関するものである、と言えそうである。

以上のように、チーム特性としての独創性のもととなる要因の重要な一つが多様性もしくは異質性なのである。

(3) チーム得票上位チームの因子得点の特徴

次に、チーム得票が上位となった6チームにつき、それぞれ第1因子から第6因子までの因子得点を算出した。これによると、チーム得票上位のチームは、六つの因子のうちどれか一つか二つ（T1チームは三つ）で飛び抜けて高い（全チーム中上位5％以内あるいは10％以内）因子得点を持っていることが分かった（表7-5）。

以上の因子分析の結果を踏まえて、第6章で行なった事例研究で取りあげた三つの事例を振り返ってみよう。

事例1（移動体通信用Sフィルタ）は、三つの異質性要因（個性、それを取り込んだチーム・マネジメント、および組織間連携）がチームの独創性に

第7章 アンケート調査の統計的分析

表7-5 チーム得票上位のチームの因子得点の特徴

因子 \ チーム	(1) 多様な知識・考え方	(2) 異質性取り込み・混合のチーム・マネジメント	(3) 海外や大学との接触	(4) 組織間連携	(5) 異分野経験	(6) 多様な性格・個性
T1	●	◎	○	○	●	×
T2		◎	○	◎		
T3	○		×	○	●	
T5			○	○		●
T6	○	◎		○		◎
T7	○		◎	○	◎	○

● 上位5％以内　　○ 上位30％以内
◎ 上位10％以内　×　下位10％以内

つながったものであった。「個性」は，妥協を嫌い初志貫徹を考えていた研究員の強い意思を表すものであったが，これは因子分析の結果では第6因子の「多様な性格・個性」に含まれる。個性を取り込んだチーム・マネジメントは，上記の妥協を嫌う研究員の意思を汲んだことを表しているが，これは第2因子「異質性取り込み・混合のチーム・マネジメント」に含まれる。そして，組織間連携は，Ｓフィルタを製造する部門，および携帯電話を開発している部門との協力関係を表すものであったが，これは第4因子「組織間連携」そのものである。

事例2（Ｂトランジスタ）は，単純明快で大学における専門の多様性がチームの独創性につながったものであった。これは，第1因子「多様な知識・考え方」に含まれる。

事例3（電子コミュニティ）は，異分野経験および異質性取り込み・混合のチーム・マネジメントがチームの独創性につながったものであった。このうち異分野経験は，第5因子「異分野経験」そのものであり，異質性取り込みのチーム・マネジメントは，第2因子「異質性取り込み・混合のチーム・マネジメント」そのものである。

第6章で取りあげた三つの事例はいずれもチーム得票上位のチームであっ

たが，事例研究により重要な役割を演じた要因はすべて，因子分析の結果の六つの因子のいくつかによって説明できたことになる。

〔事実発見3〕
「チームの構成メンバーの多様性」と「異質性取り込みなどのリーダーのチーム・マネジメント」が，チームの独創性につながる。

7-3. 研究分野別（ハードウェア研究・ソフトウェア研究）の分析

ここで，全体のデータを研究分野別（ハードウェア研究およびソフトウェア研究）に大きく二分してみよう。ハードウェア研究の群は121チーム，ソフトウェア研究の群は55チームである（表7-6）。なお，変数に欠損値があるため因子得点を計算できないチーム（12チーム）は除いている。

第1因子から第6因子までの六つの因子のそれぞれにつき，ハードウェア研究の群とソフトウェア研究の群の平均値の差を計算してみた（表7-7）。その結果，平均値の差が0.4以上と大きかった因子は，第2因子（異質性取り込み・混合のチーム・マネジメント），第4因子（組織間連携），および第6因子（多様な性格・個性）の三つの因子であった。このうち第2因子と第4因子はソフトウェア研究の群の方が平均値が大きく，第6因子はハードウェア研究の群の方が平均値が大きい。念のため，因子ごとの箱ひげ図（研究分野別）を図7-1に示す。これらの図で分布を見ても，やはり第2因子と第4因子はソフトウェア研究の群の方が全体として因子得点が高く，第6因子はハードウェア研究の群の方が全体として因子得点が高いことが分かる。

表7-6 ハードウェア研究・ソフトウェア研究の別，および独創性の有無別（チーム得票による）の4群のチーム数

	ハードウェア研究	ソフトウェア研究	合計
独創性あり	19	13	32
独創性なし	102	42	144
合計	121	55	176

表7-7 因子得点の平均値の差の検定結果（ハードウェア研究・ソフトウェア研究別）

	ハードウェア研究	ソフトウェア研究	差
第1因子 （多様な知識・考え方）	−0.04	0.09	0.13
第2因子 （異質性取り込み・混合のチーム・マネジメント）	−0.18	0.39	0.57
第3因子 （海外や大学との接触）	−0.05	0.11	0.16
第4因子 （組織間連携）	−0.15	0.32	0.47
第5因子 （異分野経験）	−0.05	0.12	0.17
第6因子 （多様な性格・個性）	0.13	−0.28	0.41

（注）網かけは，差が0.4以上の因子で因子得点の平均値が大きい方

次に，ハードウェア研究の群をさらにその中で独創性のある群とない群に二分した。独創性の有無は，7-2節でのカイ2乗検定の際に行なったと同様に，チーム得票が2票以上か1票以下かで分けた。独創性のある群が19チーム，独創性のない群が102チームである。同じく，ソフトウェア研究の群もその中で独創性の有無により二分した。独創性のある群が13チーム，独創性のない群が42チームである。以上により全体のデータを4群に分けることができる（表7-6を参照）。

ところで，日本におけるハードウェア研究は世界的に見るとアメリカに追いついたが，ソフトウェア研究はまだまだアメリカよりかなり遅れている，とよく言われる。そこで，試論であるがその原因の一つにチームへの異質性の導入の程度があるかもしれないと考え，ソフトウェア研究，中でも独創性のないチーム群に注目して考察してみることとする。

(1) 第1因子　多様な知識・考え方

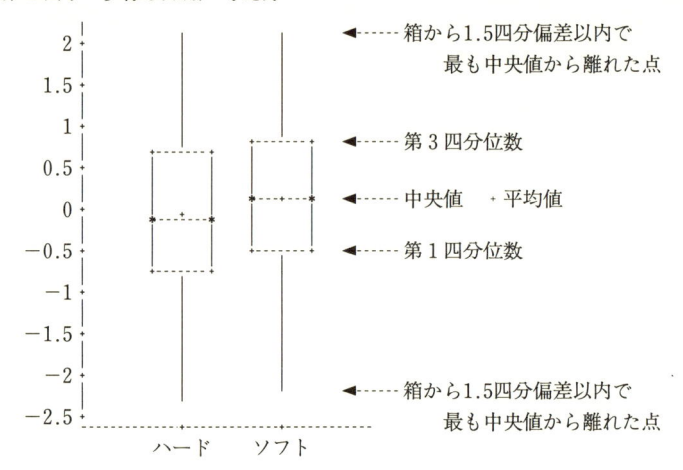

◀----- 箱から1.5四分偏差以内で
　　　　最も中央値から離れた点

◀----- 第3四分位数

◀----- 中央値　・平均値

◀----- 第1四分位数

◀----- 箱から1.5四分偏差以内で
　　　　最も中央値から離れた点

ハード　ソフト

関連する主な質問項目
　1．チームの規模
　2．海外在住経験
　3．出身学科の多様性

(2) 第2因子　異質性取り込み・混合のチーム・マネジメント

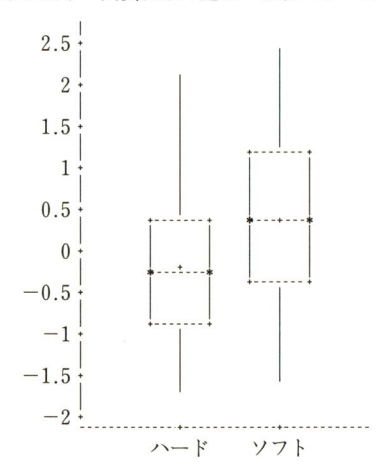

ハード　ソフト

関連する主な質問項目
　1．メンバーの情報取り込みへのリーダーの支援
　2．研究テーマを決めるにあたりメンバーに意見を述べさせる

(3) 第3因子　海外や大学との接触

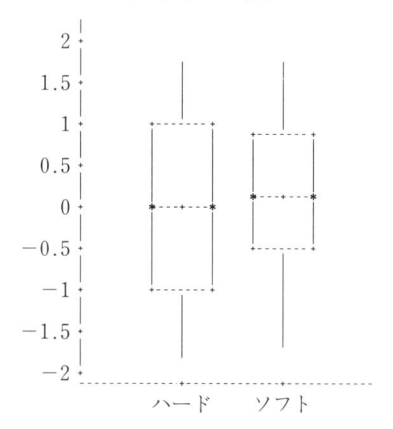

関連する主な質問項目
1．海外留学経験
2．海外出張頻度
3．大学の研究者との連携・共同研究

(4) 第4因子　組織間連掲

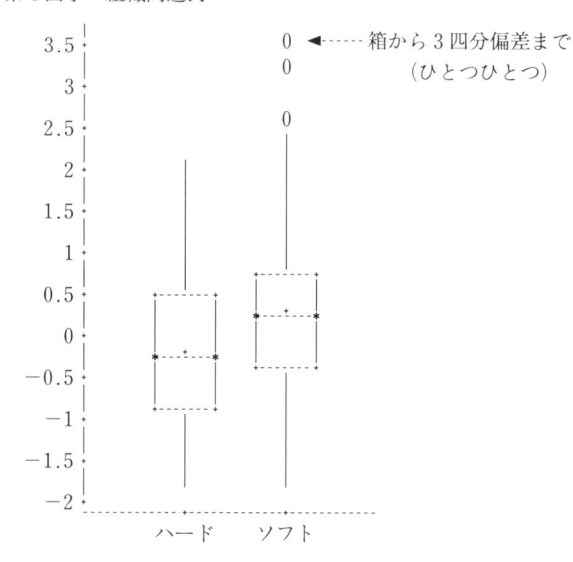

0 ◀------ 箱から3四分偏差まで
0　　　　　（ひとつひとつ）
0

関連する主な質問項目
1．A社グループ内の企業との連携・共同研究
2．A社グループ外の企業との連携・共同研究

(5) 第5因子　異分野経験

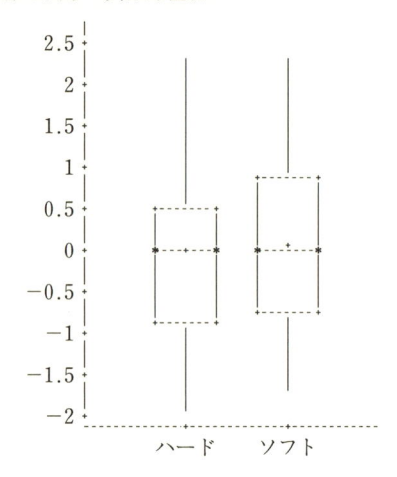

[箱ひげ図：ハード、ソフト]

関連する主な質問項目
　1．他研究部門からの配転者がいる
　2．データベース利用頻度

(6) 第6因子　多様な性格・個性

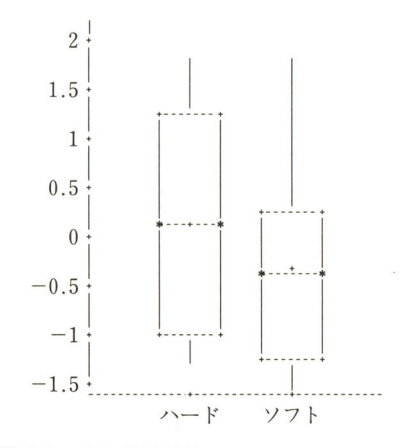

[箱ひげ図：ハード、ソフト]

関連する主な質問項目
　1．修士課程が学部時とは別の大学だった
　2．性格的に，他人と同じことをするのが嫌い

図7-1　因子ごとの箱ひげ図（研究分野別）
〔(1)第1因子から(6)第6因子まで〕

そこで，六つの因子のそれぞれにつき，さきにハードウェア研究・ソフトウェア研究の別，および独創性の有無により4群に分けたが，それぞれの群の分布の状況を見るために箱ひげ図を示す（図7-2）。分布の状況と平均値，中央値を見ると，六つの因子のすべてについてハードウェア研究の中の独創性のある群は，ハードウェア研究の中の独創性のない群より平均値，中央値とも高く，全体の分布を見ても同様のことが言える。また，ソフトウェア研究の中の独創性のある群は，ソフトウェア研究の中の独創性のない群より平均値，中央値とも高く，全体の分布をみても同様のことが言える。

次に，分布の状況と平均値，中央値から，

① ハードウェア研究の中の独創性のある群と独創性のない群の差 と，
② ソフトウェア研究の中の独創性のある群と独創性のない群の差

を比較してみる。第1因子（多様な知識・考え方），第3因子（海外や大学との接触），第5因子（異分野経験）のいずれにおいても，①は小さく②も小さい。そして，①と②の差も小さい。第2因子（異質性取り込み・混合のチーム・マネジメント）においては①は大きいが②も大きく，①と②の差はそれほど大きくない。ところが，第4因子（組織間連携）と第6因子（多様な性格・個性）においては，いずれも①よりも②が際立って大きいことが分かる。さらに，ソフトウェア研究の中の独創性のない群の第6因子は，非常に因子得点が低い。これらのことは，ソフトウェア研究においては，ハードウェア研究と異なる組織の管理方法が必要であることを示唆している。

以上の考察から，次の事実発見があった。

〔事実発見4〕
　ソフトウェア研究のチームにおいては，ハードウェア研究のチーム以上に，「組織間連携」と「多様な性格・個性」の二つの因子得点の独創性への関連度が強い。

独創性のないソフトウェア研究のチームは「組織間連携」と「多様な性格・個性」の二つの面で異質性の導入が遅れている，と言えそうである。

なお，以上の分析および考察については，A社の研究所でソフトウェア研究を統括している人の日頃の問題意識とほぼ合致するものであった。特にソフトウェア研究の分野において第6因子（多様な性格・個性）の得点が独創性に強く関連しているという分析結果は，研究開発現場の一部に「他人と同じことをやっていれば安心」といった意識があり，他人と異なったことをあまりやりたがらない傾向があるという現状と合致するものであった。

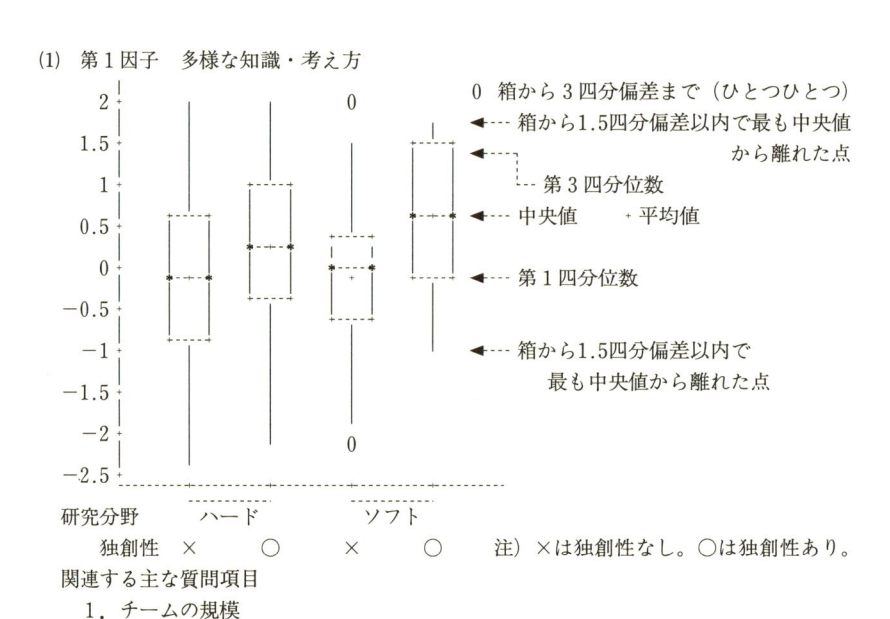

(1) 第1因子　多様な知識・考え方

```
         0 箱から3四分偏差まで（ひとつひとつ）
         ←-- 箱から1.5四分偏差以内で最も中央値
                から離れた点
         ←-- 第3四分位数
         ←-- 中央値　　　+ 平均値
         ←-- 第1四分位数
         ←-- 箱から1.5四分偏差以内で
                最も中央値から離れた点
```

研究分野　　　ハード　　　　ソフト
独創性　×　　○　　×　　○　　注）×は独創性なし。○は独創性あり。

関連する主な質問項目
　1．チームの規模
　2．海外在住経験
　3．出身学科の多様性

(2) 第2因子　異質性取り込み・混合のチーム・マネジメント

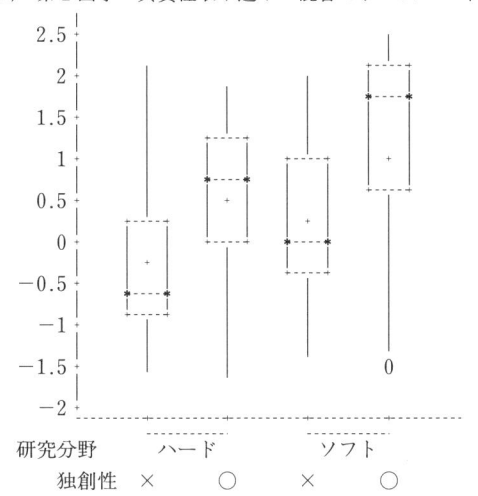

```
 2.5
   2
 1.5
   1
 0.5
   0
-0.5
  -1
-1.5
  -2
```

研究分野　　　ハード　　　　ソフト
　独創性　×　　○　　×　　○

関連する主な質問項目
1. メンバーの情報取り込みへのリーダーの支援
2. 研究開発テーマを決めるにあたりメンバーに意見を述べさせる

(3) 第3因子　海外や大学との接触

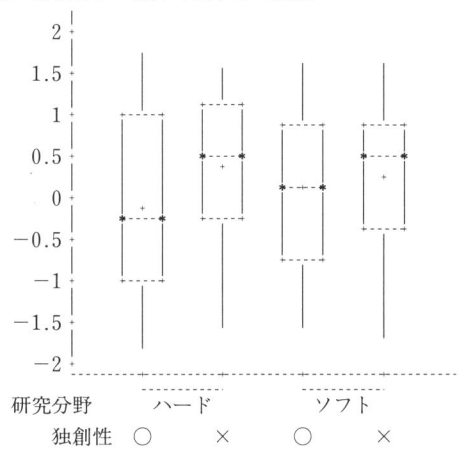

```
   2
 1.5
   1
 0.5
   0
-0.5
  -1
-1.5
  -2
```

研究分野　　　ハード　　　　ソフト
　独創性　○　　×　　○　　×

関連する主な質問項目
1. 海外留学経験
2. 海外出張頻度
3. 大学の研究者との提携・共同研究

(4) 第4因子　組織間連携

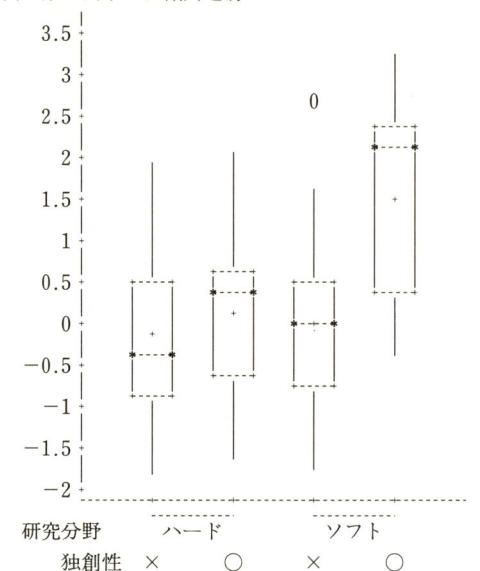

研究分野　　ハード　　　ソフト
独創性　　×　　○　　×　　○

関連する主な質問項目
　1．A社グループ内の企業との連携・共同研究
　2．A社グループ外の企業との連携・共同研究

(5) 第5因子　異分野経験

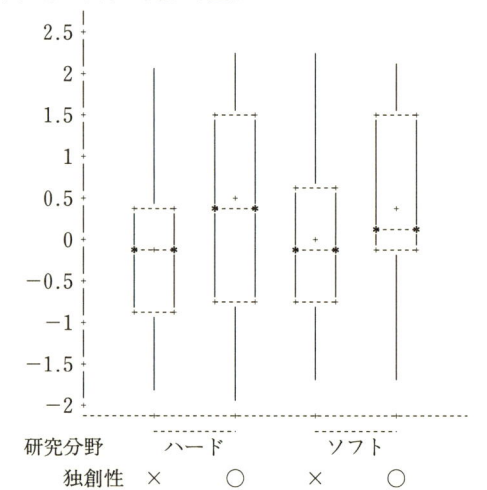

研究分野　　ハード　　　ソフト
独創性　　×　　○　　×　　○

関連する主な質問項目
　1．他研究部門からの配転者がいる　　2．データベース利用頻度

(6) 第6因子　多様な性格・個性

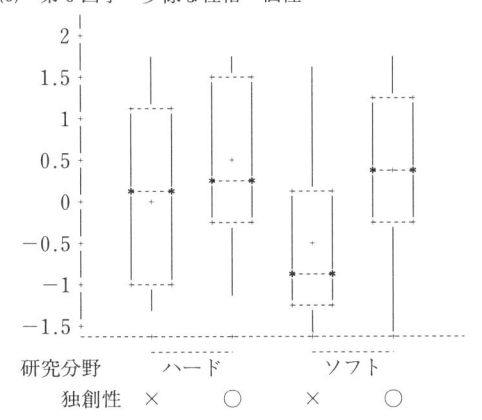

[箱ひげ図：縦軸 -1.5 ～ 2]

研究分野　　　ハード　　　　ソフト
独創性　　×　　○　　×　　○

関連する主な質問項目
　1．修士課程が学部時とは別の大学だった
　2．性格的に，他人と同じことをするのが嫌い

図7-2　因子ごとの箱ひげ図（研究分野別・独創性の有無別）
〔(1)第1因子から(6)第6因子まで〕

第8章

事業部門における検討

8-1. 統計的分析

　A社のシステム開発および情報処理の各事業部門でも，研究所で実施したのとほぼ同じ時期にアンケート調査を行なった。これらの部門では在籍人員が膨大なこともあってサンプリング調査とした。

(1) システム開発部門

　システム開発部門では，14の事業部および18の子会社に，それぞれチーム数を指定して回答するチームを選定してもらうとともに，そのチームのリーダーおよび全メンバーに回答を依頼した。回収できたのは196チーム，810名であり，回収率はチーム数で85.7％であった。研究所のアンケートでは，研究所内に独創性があると思うチーム・個人があれば挙げてもらい，それを独創性の指標として分析したが，システム開発部門では若干異なる質問の仕方と分析方法をとった。その理由は第一に，システム開発部門ではその中の各事業部内および各会社内で，その長が自部署内で独創性のあるチームをほぼつかんでいるからである。第二に，アンケートに答える側からすると独創性のあるチーム・個人を聞かれたときにシステム開発部門内のチームや個人を思い浮かべる人もあるだろう。しかし，むしろ研究所はもちろん情報処理事業部門などのシステム開発部門以外の事業部門のチームや人を思い浮かべる

人もおり，投票先が多岐にわたると考えられたからである。

そこで，チーム内の独創性の有無は基本的に事業部では事業部長に，子会社では社長にA，BおよびCの3段階で評価してもらうこととした。また，独創性のあるチーム・個人の投票は子会社を含むA社グループ全体の中から選んでもらうこととした。A～Cの基準は次のとおりである。

　A：独創性のある研究開発成果を出しているチーム
　B：AとCの中間のチーム
　C：独創性のある研究開発成果を出していないチーム

この3段階で評価可能なチームを，できれば各同数程度選んでもらうよう依頼した。

その結果，システム開発部門196チームのうちA評価だったのは45チーム（23.0％），B評価が91チーム（46.4％），そしてC評価が34チーム（17.3％）であった。このほかに分類されてないチームが26チーム（13.3％）あった。このうちA評価を受けた45チームを独創性のある群とし，それ以外を独創性のない群として，以下の分析が行われた。

一方，アンケート票とハード・データについてチーム・データを作りそれぞれを高低2群に分け，2群対2群でカイ2乗検定を行なった。そして，有意確率 p の値の低いものを10％水準まで抽出したところ，20項目が得られた。これを表8-1に示す。このうち，メンバーの情報取り込みへの支援，データベース利用頻度，それに海外出張頻度の3変数は，研究所のカイ2乗検定でも抽出されていた。次に，カイ2乗検定で抽出した20変数を一括して因子分析にかけ，固有値が1以上という基準で因子を選んだところ，七つの因子が抽出できた（表8-2）。ここでも研究所と同様に，バリマックス回転後の因子負荷量によっている。

第1因子は，メンバーに挑戦を奨励，チームの活性化，メンバーへの議論の奨励，それにメンバーの情報取り込みへの支援の4変数の負荷量が大きい。メンバーの情報取り込みへの支援は，研究所の第2因子「異質性取り込み・混合のチーム・マネジメント」の因子で負荷量が大きかった変数と同じであ

第8章 事業部門における検討

表8-1 システム開発部門のデータ（196チーム）のカイ2乗検定結果
―部門長評価の2群（Aの群とB，Cの群）対，各変数の2群―

	項　目	2群への分け方 （各群のチーム数）	p値	CramerのV係数	研究所との比較 （○が研究所でも得られた変数）
1	所属学会の合計数	チーム内の平均数が全チームの平均より多いか，少ないか多い，少ないの順に（以下同様）（46：150）	0.001	0.242	
2	チームメンバーに挑戦を奨励	5段階の回答が全チームの平均より小さいか大きいか（70：126）	0.002	0.226	
3	チームが属する統括部外の部門との連携	連携しているか，いないか（60：136）	0.002	0.216	
4	研究開発を下から自発的に始める風土	4段階の回答が全チームの平均より小さいか大きいか（72：124）	0.003	0.213	
5	過去の成功体験にとらわれない風土	4段階の回答が全チームの平均より大きいか小さいか（89：107）	0.003	0.209	
6	チームの活性化	5段階の回答が全チームの平均より小さいか大きいか（123：73）	0.006	0.195	
7	メンバーに対する議論の奨励	同上（71：125）	0.007	0.194	
8	技術部門の人と話す頻度	チーム内の平均が全チームの平均より多いか，少ないか（94：102）	0.012	0.180	
9	チーム内の人と話す頻度	同上（158：38）	0.014	0.176	
10	社外教育・学会参加度合	同上（79：117）	0.018	0.170	
11	メンバーの情報を取り込みへの支援	5段階の回答が全チームの平均より小さいか大きいか（75：121）	0.018	0.169	○
12	研究部門の人と電話等で接触する頻度	チーム内の平均が全チームの平均より多いか，少ないか（68：128）	0.023	0.163	
13	チャレンジ精神ある人が多い風土	4段階の回答が全チームの平均より小さいか大きいか（111：85）	0.026	0.159	
14	データベース利用頻度	チーム内の平均が全チームの平均より多いか，少ないか（91：105）	0.038	0.149	○
15	協調性よりも主体性を大事にしている	チーム内の平均が全チームの平均より小さいか，大きいか（92：104）	0.045	0.143	
16	外部団体・研究依頼者とのコミュニケーション時間	チーム内の平均が全チームの平均より多いか，少ないか（68：128）	0.055	0.137	
17	海外出張頻度	チーム内の平均が全チームの平均より多いか，少ないか（42：154）	0.071	0.129	○
18	技術部門の人と電話等で接触する頻度	チーム内の平均が全チームの平均より多いか，少ないか（78：118）	0.077	0.126	
19	製造部門の人と話す頻度	同上（74：122）	0.079	0.125	
20	インターネット利用頻度	同上（96：100）	0.092	0.120	

表8-2 システム開発部門の因子分析結果

(a) 固有値

因子	第1	第2	第3	第4	第5	第6	第7	第8	第9	以下略
固有値	3.3045	2.0931	1.4254	1.4132	1.2685	1.1084	1.0144	0.9642	0.8863	
累積寄与率	0.1652	0.2699	0.3412	0.4118	0.4752	0.5307	0.5814	0.6296	0.6739	

(注) 第10因子以下は省略

(b) 因子負荷量（バリマックス回転後）

	第1因子 多様性重視のチーム・マネジメント	第2因子 技術・製造両部門とのやりとり	第3因子 社外（研究所を含む）との接触	第4因子 チームの活性化	第5因子 自発的風土	第6因子	第7因子
1. 所属学会の合計数	-0.02448	0.37976	0.21984	0.42177	0.12252	0.00260	-0.42670
2. メンバーに挑戦を奨励	0.75650	-0.00223	0.04264	0.06191	0.03509	0.04441	-0.11802
3. チームが属する統括部外の部門との連携	0.06388	0.22079	0.07238	0.08941	0.15655	-0.08740	0.74910
4. 研究開発をトから自発的に始める風土	0.00130	-0.13596	0.12341	0.13477	0.67298	0.10280	0.13326
5. 過去の成功体験にとらわれない風土	-0.29686	-0.02385	-0.20083	-0.18050	0.02759	0.55106	-0.01566
6. チームの活性化	0.48189	0.01193	0.21087	0.42204	-0.17238	0.14327	0.22180
7. メンバーの議論の奨励	0.76942	0.01174	0.06623	-0.00674	-0.00529	-0.03705	0.12212
8. 技術部門の人と話す頻度	0.02421	0.83361	0.10358	0.06492	-0.03408	0.09075	0.12098
9. チーム内の人と話す頻度	0.38716	-0.01362	-0.06881	0.18671	0.03575	0.56312	0.10070
10. 社外教育・学会参加度合	0.11412	0.03061	0.73012	0.08770	0.04332	-0.16245	0.03309
11. メンバーの情報取り込みへの支援	0.82777	0.15739	-0.00414	-0.01592	0.12152	-0.08954	-0.01745
12. 研究部門の人と電話等で接触する頻度	0.09846	0.37623	0.54984	0.15436	0.12593	-0.02484	-0.12648
13. チャレンジ精神ある人が多い風土	0.12180	0.07430	0.02432	-0.12857	-0.11799	-0.13418	0.02101
14. データベース利用頻度	0.04615	0.15303	-0.03351	0.74236	0.71998	-0.11114	0.06434
15. 協調性よりも主体性を大事にしている	-0.05059	0.01712	-0.10019	0.69111	0.31478	0.10707	0.03827
16. 外部団体・研究依頼者とのコミュニケーション時間	-0.03304	-0.04795	0.68592	-0.24481	0.06512	0.17926	0.10682
17. 海外出張頻度	0.01657	0.19014	0.24456	-0.02637	-0.10808	0.52808	-0.29099
18. 技術部門の人と電話等で接触する頻度	0.13389	0.82080	-0.03144	0.01780	0.08216	-0.02900	0.02600
19. 製造部門の人と話す頻度	-0.12963	0.45387	0.31946	0.06480	0.02883	0.35420	0.35396
20. インターネット利用頻度	0.09306	0.13956	0.36071	0.18037	0.47137	-0.02470	-0.15530

(注) 網かけは因子負荷量が0.4以上

る。研究所の第2因子には，研究開発テーマを決めるにあたってリーダーがメンバーに意見を述べることを認めているかの変数の負荷量も大きかったが，システム開発部門ではテーマの選定ということはあまりないので，この変数は抽出されていない。そのかわりにメンバーへの挑戦の奨励，および議論の奨励が加わっている。この因子を，「多様性重視のチーム・マネジメントの因子」と呼ぶ。

第2因子は，技術部門の人と話す頻度，技術部門の人と電話等で接触する頻度，および製造部門の人と話す頻度，の3変数の負荷量が大きい。この因子を「技術・製造両部門とのやりとりの因子」と呼ぶ。これらの変数あるいはこれらの変数と似たものは，研究所では抽出されていない。システム開発部門にとっては技術・製造両部門は技術のより上流であるが，研究所にとってはより上流の部門というものはないため，研究所で抽出されていないのは納得できる。ただし，研究所では第4因子「組織間連携」が抽出できたが，上流下流を区別せずシステム開発部門のこの因子を組織間連携と解すれば，研究所の第4因子と共通とも言える。

第3因子は，社外教育・学会参加度合，研究部門の人と電話等で接触する頻度，および外部団体・研究依頼者とのコミュニケーション時間の3変数の負荷量が大きい。この因子を，「社外（研究所を含む）との接触の因子」と呼ぶ。

第4因子は，所属学会の合計数，チームの活性化，チャレンジ精神のある人が多い風土，および協調性よりも主体性を大事にしている，の4変数の負荷量が大きい。いずれの変数も研究所におけるカイ2乗検定では抽出されなかったものである。所属学会の合計数については，研究所のように多くの者が学会に所属しているところと違い，システム開発部門では学会に所属していること自体が異質性といえることは納得できる。チームの活性化については，システム開発部門では，個人よりもチームとしての活動という面が研究所におけるよりも強いことから理解できる。チャレンジ精神のある人が多い風土の変数については，第7章7-1節で，研究所におけるチーム得票の多い6チームを個々に見ていったときに6チーム中5チームが「どちらかと言えばそうだ」と答えていることが分かっていた。研究所のカイ2乗検定では抽

出されなかったものの，研究所でも重要であることはシステム開発部門と同様であると考えられる。

　第5因子は，研究開発を下から自発的に始める風土，データベース利用頻度，およびインターネット利用頻度の3変数の負荷量が大きい。データベースやインターネットの利用は研究開発を下から自発的に始めることを補っているものと考えられる。この因子を，「自発的風土の因子」と呼ぶ。

　第6因子，第7因子はやや解釈が難しい。このうち第6因子は，過去の成功体験にとらわれない風土，チーム内の人と話す頻度，および海外出張頻度の3変数の負荷量が大きい。また，第7因子は，所属学会の合計数，およびチームが属する統括部外の部門との連携の2変数の負荷量が大きい。所属学会の合計数は負の値となっているが，この点も解釈が難しい。これらの2因子は，他の因子に比べ固有値が小さく重要性が低いといってよいだろう。

(2)　情報処理事業部門

　情報処理事業部門（以下，情報処理部門と呼ぶ）では，9事業部にそれぞれチーム数を指定して回答するチームを選定してもらうとともに，そのチームの全メンバーに回答を依頼した。回収できたのは77チーム，479名からであり，回収率はチーム数で95.1%であった。情報処理部門でも，システム開発部門と同じ理由で各事業部の長にチームの独創性の有無を評価してもらうこととした。A〜Cの評価基準はシステム開発部門におけると同じである。A評価を受けたのは23チーム（29.9%），B評価が32チーム（41.5%），そしてC評価は22チーム（28.6%）であった。このうちA評価の23チームを独創性のある群とし，それ以外を独創性のない群として分析を行なったのもシステム開発部門のときと同様である。

　さらに，システム開発部門における分析と同様に，アンケート票とハード・データについてチーム・データを作りそれぞれを高低2群に分け，2群対2群でカイ2乗検定を行なった。そして，有意確率pの値の低いものを10%水準まで抽出したところ次の5項目だけが得られた（表8-3）。

第8章 事業部門における検討

表8-3 情報処理部門のデータ（77チーム）のカイ2乗検定結果
—部門長評価の2群（Aの群とB, Cの群）対，各変数の2群

	項　目	2群への分け方（各群のチーム数）	p 値	CramerのV係数	研究所との比較（○が研究所でも得られた変数）
1	チームが属する統括部外の部門との連携	連携しているか，いないかいる，いないの順に（以下同様）（36：41）	0.009	0.298	
2	A社グループ内の企業との提携・共同研究	提携しているか，いないか（47：28）	0.018	0.274	○
3	修士課程が学部時と違う大学（大学の名称）	そういう者がチーム内にいるか，いないか（8：69）	0.033	0.243	○
4	研究開発を下から自発的に始める風土	4段階の回答が全チームの平均より小さいか，大きいか（22：55）	0.059	0.215	
5	所属学会の合計数	チーム内の平均数が全チームの平均より多いか，少ないか（35：42）	0.076	0.202	

表8-4　情報処理部門の因子分析結果

(a)　固有値

	第1	第2	第3	第4	第5
固有値	1.4992	1.2308	0.9581	0.7022	0.6097
累積寄与率	0.2998	0.5460	0.7376	0.8781	1.0000

(b)　因子負荷量（バリマックス回転後）

	第1因子	第2因子
1. チームが属する統括部外の部門との連携	0.78008	0.12086
2. A社グループ内の企業との提携	0.22193	0.51881
3. 修士課程が学部時と違う大学	-0.31825	0.80130
4. 研究開発を下から自発的に始める風土	0.21663	0.65662
5. 所属学会の合計数	0.75133	0.04985

（注）　網かけは因子負荷量が0.4以上

① チームが属する統括部以外の部門との連携
② A社グループ内の企業との提携・共同研究
③ 修士課程が学部時と違う大学（大学の名称）
④ 研究開発を下から自発的に始める風土
⑤ 所属学会の合計数

なお，②と③は研究所で抽出できたのと同じ変数，④と⑤はシステム開発部門で抽出できたのと同じ変数である。一応因子分析も行なって二つの因子が得られたが，解釈は難しく（表8-4），さきの5変数の抽出で足りるものと考えられる。

(3) システム開発，情報処理両部門の研究所との比較

研究所のデータの分析においては，チームの独創性の指標は投票結果であった。しかし，システム開発，情報処理の各部門においては，事業部長等による評価であった。同じく独創性を人が評価したものではあるが，研究所とシステム開発部門・情報処理部門で異なる評価のやり方を用いているので，この点で分析の結果が異なってくるのはある程度予想できるところである。システム開発部門のカイ2乗検定で抽出できた変数は20変数であった。この数は，研究所におけるカイ2乗検定で抽出できた15変数よりもやや多い。しかし，情報処理部門で抽出できた変数はわずか5変数であった。独創性が最も必要なのは研究所であるが，システム開発部門や情報処理部門では研究所ほどではないにしても独創性は必要であり，事実，事業部長等によって独創性ありと評価されたチームは存在した。その場合の独創性の意味も，システム開発部門と情報処理部門で行なったインタビュー結果でも，研究所における独創性の定義と異なるものではないとされた。

上記を踏まえた上で，システム開発部門では研究所と同じように多様性と独創性との関連を認めることは可能である。しかし，多様性の内容については，因子分析の結果をみても分かるように研究所と同じではない。システム開発部門では研究所以上に個人よりもチームないし組織が前面に出る部門であり，第1因子は多様性重視の「チーム・マネジメント」であった。これに

対して情報処理部門では，研究所やシステム開発部門と比較すれば独創性と多様性の関連は薄いといえる。

〔事実発見5〕
システム開発部門においても，多様性が独創性につながる。

〔事実発見6〕
情報処理部門においては，独創性と多様性の関連は薄い。

以上の結果を示しながら，情報処理部門にインタビューしたところ，次のことが分かってきた。

情報処理部門には，研究所で出た成果を実現（製品化）する役目を持つチームがある。また，研究所には，技術的な意味での2世代以上先の将来を目指した研究開発を行なっているチームが多いのに対し，情報処理部門には研究所とは無関係に1世代先あるいは例外的に2世代先ぐらいの製品を目標に開発を行なうチームがある。いずれにしても，研究所と比較した場合の情報部門の多くのチームに共通する特徴は，開発の目標時期が明確に決まっていることである。出荷できるようにすべき時期が市場や他社の状況などから会社方針として決まっており，それに合わせて開発しなければならないのである。そこでは開発の速さが重要な意味を持つ。そのため，コミュニケーションも上意下達であり，突然の方針変更に若い人が戸惑うこともあるという。このような環境下では異質性が必要とされることは少ないし，異質性が害になることすらあるという。しかし，比較的遠い将来を目標とした開発などまったく新しい考えを持ち込まなければならないような仕事では，異質性が求められ，異質性を導入する方向にチームが変質していることもある。さらに言えば，そのような変質が求められるにもかかわらず，それが遅れているチームがあるかも知れない，という。

システム開発部門の特徴は，直接顧客ないし市場と接触する部門であるということである。これは，第3因子「社外（研究所を含む）との接触」に含まれると考えられる。次節では，この社外との接触が要因の一つになって独

創的な商品開発に結びついた事例を見てみたい。

8-2. システム開発部門の事例「音声照合パッケージ・ソフト」
―― 社外との接触および多様性重視のチーム・マネジメント ――

　この事例は，システム開発部門においても多様性が独創性につながることを示すものである。このDチームは部門長評価でA（独創性があるチーム）とされたものの一つである。二人のメンバーが，ユーザーや営業との接触の中から芽を感じアイデアをふくらませ，その後リーダーとして着任してきたDが，「これは花になるな」と直観する（社外との接触）。また，ベンチャー企業および社外の研究機関という異質性との接触・融合もあって初めて独創的な製品を開発することができた（これも，社外との接触）。さらに，リーダーDおよび二人のメンバーの非常に強い精神力でチーム内の議論でチームの行くべき方向につき他のメンバー達が持つ不安を払拭した（多様性重視のチーム・マネジメント）。

　テレホン・バンキング・システムに用いられる音声照合パッケージ・ソフトVoiceMATE（仮称）は，金融機関が顧客に取引勧誘の電話をかけたり，顧客からの電話による取引の申込みを受けたりする際に利用するパッケージ・ソフトで，コンピュータと交換機を連携させたものである。顧客に電話をする際には，データベースから誰にどのような取引（定期預金，ローン等）を勧誘すると取引成立の可能性が高いかを知るのに役立つ。また，顧客からの電話による取引の申込みに際しては声紋等により本人確認を行なう（図8-1）。

　このパッケージを開発したDチームは，ユーザーや営業部門との接触（異質性との接触）の中からテレホン・バンキングというニーズを知り，それをベンチャー・ビジネスとの提携という形で異質性との融合を図り，画期的なパッケージ・ソフトを開発した。なお，このチームの本拠地は大阪であるが，現在ではチーム・メンバーの一部は東京にもいる。このチームでは1992年に，まずアウトバウンド（電話をかけること）でパッケージを開発し始めた。当時としては我が国では初めてデータウェアハウス的なシステムを付加したが，

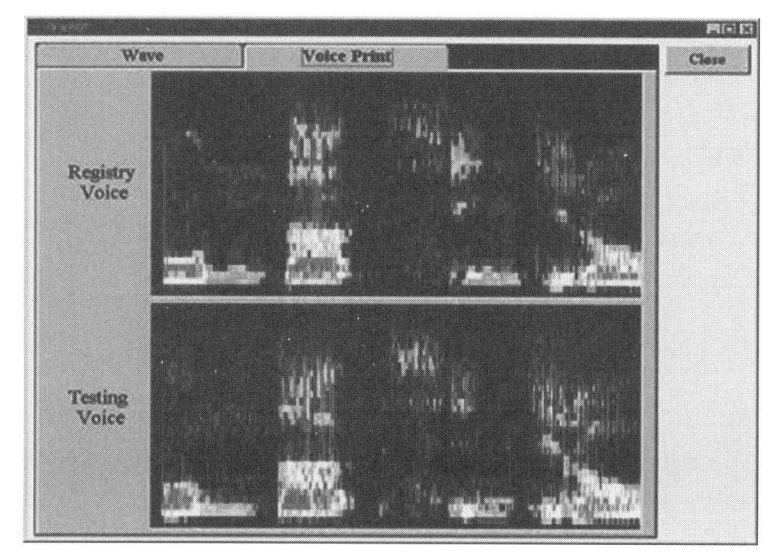

(注) 上段は登録音声，下段は試験音声。
試験音声が登録音声と同一かどうかをこのシステムで確認する。
(資料提供) 株式会社アニモ

図8-1 声紋に現れる特徴

売れ行きは芳しくなかった。このプロジェクトをやめてしまおうという話も出た。メンバーで退職していった者もおり尻すぼまりとなり，チームは二人だけになっていた。

1995年秋になりインバウンド（電話を受ける。テレホン・バンキング）が必要だということが認識されるようになった。例えば，顧客から電話で振込の依頼があったとする。電話で名乗った名前が間違いなく電話をかけてきた本人のものなのか，用件を間違いなく聞いたかの2点が重要である。その際，顧客を待たせないことにも留意しなければならない。また，既存の勘定系，基幹系の各システムとも連携しなければならない。このニーズを感知したことから，チームのメンバーも増強され，本格的にテレホン・バンキングに取り組むことになった。

96年2月に他の部で農団体担当のシステム・エンジニアだったD4が配転となってこのチームに加わり，音声技術と取り組み始めた。このD4と，以前からこのチームにいたD1がテレホン・バンキングのイメージをふくらま

せ，うまくいけば特許の出願もしよう，といった話も出るようになった。重要なのは，誰からの電話かという本人確認と，用件の記録であった。

　3月にDがリーダーとしてこのチームにやってきた。その後，以前システム技術部で無停止通信制御装置を担当しており，育児休職入りしていたD2が，休職期間が終わったあとこのチームに入る。また7月には，ソフトウェアファクトリー部でコンバージョン担当だったD3もこのチームに加わった。また，教育専門の関係会社から出向してきていた女性メンバーD5も他の女性メンバーに入れ替わった。この女性メンバーはデモなどによる拡販を担当することになる。このように半年ぐらいの間に入れ替わりも含めてメンバー数が増え，リーダーDを含め8名になっていた。なお，8名中3名が女性であり，A社の中で比較的女性が多いシステム開発部門の中でも，このチームの女性の比率はきわめて高い。

　システム開発部門の特徴は，顧客や営業部門と一番近い位置にあり，常日頃それらと接触していることである。特にリーダーは接触の機会が多い。顧客や営業部門は，このようなものがほしいというアイデアをいろいろ持っている。システム開発部門にとっては異質性であると言える。顧客等のそのようなアイデアを実現するのがシステム開発部門であるが，顧客等とシステム開発部門の間には大きな壁がある。システム開発部門のシステム・エンジニア，その中でも特にリーダーが顧客等のアイデアをこれはビジネスになると感じ，それを実際に花咲かせるには誰と話をしたらよいかを考える必要がある。このチームの場合は，D1とD4がユーザーや営業との接触の中から芽を感じアイデアをふくらませ，その後着任してきたDがこれは花になるなと直観した（社外との接触）。

　リーダーDは，D1らの着想を実現するためにはどうすればよいかを考えた。彼が思いついたのは，以前社内報で見たベンチャー企業，株式会社Nである。N社は，A社が1994年に作った新ベンチャー制度に基づき，同年A社の従業員4名が退職して設立したベンチャー企業である。この会社は音，音声をキー・テクノロジーとしたパソコンの向けのマルチメディア・ソフト，ハードおよびサービスの企画，開発および販売を行なっていた。リーダーDがこのベンチャー企業に注目したのは，声により相性診断や健康診断をする

第8章　事業部門における検討　125

「ボイス診断（仮称）」という名前のパッケージ・ソフトを作っていたからであった。このチームはN社と声紋技術の採り入れに関して提携し，具体的にどうすれば音声照合パッケージ・ソフトを実現できるかを詰め出した。N社と提携関係にあるO研究所の協力を得られることも決まった。N社とO研究所という二つの異質性との接触・融合があって初めて独創的なVoiceMATEを開発することができたのである（社外との接触）。

　しかし，1996年夏から1997年の年明けにかけては，音声で本人を照合することに関しては，チームの中でも本当に実現できるだろうかと不安がる意見が強かった。特に当初からこのチームにいた女性メンバーD6は開発の立場から，1996年4月にこのチームに加わった女性メンバーD5は拡販のためのデモを行なう立場から，不安視する傾向にあった。が，リーダーDおよびD4やD1は非常に強い精神力でチーム内の議論で彼女らの不安を払拭し（多様性重視のチーム・マネジメント），また，顧客からも強い支持を得ることができ，1997年5月に先行ユーザーで無事稼働させることができた。

　VoiceMATEの第1の特徴は，電話会話の録音である。電話がかかってくると，先方の音声と当方の音声をサウンド・ブラスターが交換機から自動的にデジタル録音する。音声の再生は履歴一覧からクリックするイメージで簡単にできる。第2の特徴は，取引の検証機能である。間違いなく用件を聞いているか，用件を聞き間違えていないかを，録音データの必要部分を再生し第三者が検証する。第3の特徴は，声紋で本人確認をする技術である。声紋に現れる年齢，性別，身長，顔形，出身地，職業などの特徴から，話者照合を行なう。照合速度は2秒以内であり，3秒以内の姓名などのキーワードにより行なう。本人受理率95.0％，他人棄却率99.0％であり，この技術と通常の4桁のパスワードにより精度100％で本人確認ができるのである。なお，電話のプッシュ・ボタンで押した番号を受信側で確認するのは難しく，別の機械が必要となるが，このチームではオペレーターの画面で確認ができるようにした。この技術はユーザーが会話の中で何気なく言ったことをリーダーDが取り入れたものである（図8-2）。

　上記のような，他社にないいくつかの機能を備えたA社の音声照合パッケージ・ソフトVoiceMATEを作ったこのチームによる特許の出願は，5

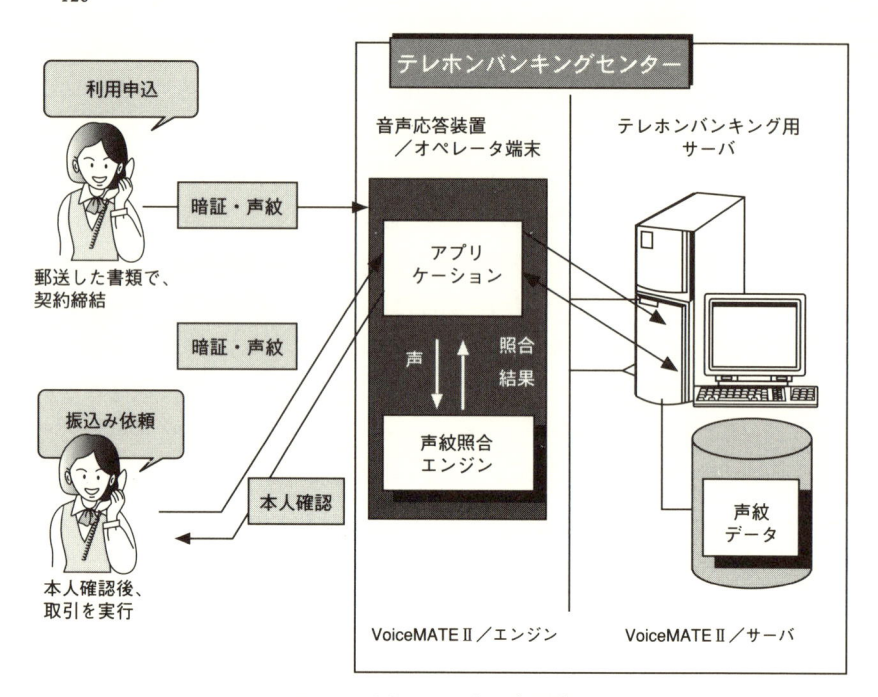

図8-2　声紋による本人確認機能

件に及んでいる。その内容は，「電話取引」「オペレーターのモラール・アップ」など従来にないタイプのものである。

　このチームのリーダーDは，「このチームのメンバーは皆頑固者である」と言う。皆別の方向に専門化している。また，彼は，プロとしてのより得意な分野でより頑固になることを奨励していると言う。たとえば，技術的にすぐれた者，こつこつやる者，どうすれば売れるかを考えるのが好きな者，人に説明するのがうまい者等々である。リーダーDは各メンバーのそういった得意とするところを見て，チーム全体を取りまとめる。そして，各人の得意な方向を伸ばすように奨励するのである。

　最初にユーザーや営業との接触などからビジネスの芽を感じる人には，そういうものを発掘しようという強い意思と努力が必要である。ユーザーなどの異質性に接触しても，人によって感じ方が違い，感じる人と感じない人がいる。しかし，ビジネスの芽を感じる人だけでは創造的な商品はできない。

発掘した芽を実際にどう遂行していくかを考える人も必要である。さらに，周辺のいろいろな技術を知っている人がいて，遂行にあたってのやり方の案を出す。「リーダーの役割は，ビジネスの芽を誰かが感じた時に（もちろんリーダー自身でもよい），どう振幅を大きくしていくかである」とリーダーDは言う。リーダーDの着任後売上も加速度的に伸びてきている。

以上のように，このチームでは社外との接触（顧客や市場との接触と，ベンチャー企業などとの提携の二つがあった），および多様性重視のチーム・マネジメントにより独創的な VoiceMATE を開発できたのである。社外との接触は，因子分析の結果の第3因子〔社外（研究所を含む）との接触〕に含まれる。また，多様性重視のチーム・マネジメントは，第1因子そのものである。

その後，銀行での音声認識の重要性だけでなく，広く音声をデジタルで取り扱うことに共鳴する企業が幅広く出現する中で，Dチームは事業を伸ばしていった。こういう分野が，1998年には広く CRM（Customer Relationship Management）分野と呼ばれるまでに発展し，2001年にはDチームは事業部に成長した。

8-3. 情報処理部門の事例「CMOS を用いた超大型コンピュータ開発」
―― 独創性と多様性の関連が薄い事例 ――

このEチームは，部門長の独創性評価でA（独創性がある）とされたチームのうちの一つであり，情報処理部門では独創性と多様性の関連が薄いことを示すものである。このチームにはもともと異質性があったが，表面に出てこないようにリーダーによって押さえられ，異質性のないチームとして独創性を発揮した。このチームがやらなければならないことは明確で，いかに製品をきちっと作って早く世に出すかであった。旧製品の回路の大部分をもってきて，CMOS という新しいテクノロジーに適合したものに置き換えるのである。あれこれ迷う余地はなく全力で走るしかなかった。チーム内の多様性は，リーダーEにより表面に出てこないように押さえられていたのである。

このチームは大型コンピュータ（メインフレーム）G8000シリーズ（仮称。

以下商品名はすべて仮称）のG8600モデル・グループの開発のうち命令制御の部分を担当してきており，アンケート調査後の1～2か月後にはその開発を完了した。G8600モデル・グループは，超大型機として世界で始めてCMOSテクノロジーを全面的に採用したグローバル・サーバーG8000シリーズの最上位機種である。CPU単体性能の改善や二階層キャッシュの採用などの設計の工夫と高密度実装の工夫により1ボード・システムを実現し，高性能，高信頼と同時に消費電力，設置スペースなど運用費を含めたトータルなコストダウンを実現しており，その中心である命令制御の部分を開発したEチームには独創性があったと言えよう。なお，独創性があったとする部門長評価の意味あいの中には，「速く開発をした」という評価も込められているように思われる。

アンケート調査時は，このチームはG8600の開発と並行してG8000シリーズの次の世代のマシンの開発もすでに手掛けており，さらにその次の世代となるはずの，従来方式のコンピュータの壁を破る画期的な方式のマシンの開発も始まろうとしていた時期である。

1992年に大型汎用コンピュータA1800型機，A1900型機の後継をねらいECLマシンの開発が始まった。このEチームはECLマシンの命令制御の部分を担当していた。命令制御というのは，コンピュータの命令が動くときに，その命令を解読して何をやったらよいかを制御する機能であり，CPUの中心部分である。例えば，ある演算には主記憶装置上のデータを持ってきて，それをこのように加工しなさい，等である。しかし，ECLマシンをこのまま開発していくと，性能は確かによいものになるが，巨大で重く，消費電力も多く熱も出て，かつ値段も非常に高くコスト・パフォーマンスの悪いものになることがほぼ確実であることが分かってきた。コスト・パフォーマンスの観点からはCMOSの方がはるかに優れており，また，設置の容易さ（装置が小さく，環境等の条件がゆるい）や，設置後のメンテナンス・コストの点からもはるかに優れている（図8-3）。しかし，従来はECLとCMOSの性能差が非常に大きく，超大型機でのCMOS採用は行なえなかった。ところが，テクノロジーの進歩により両者の差は年々小さくなり，G8600開発開始時点で超大型のECL機に匹敵するマシン・サイクルを達成したCMOS

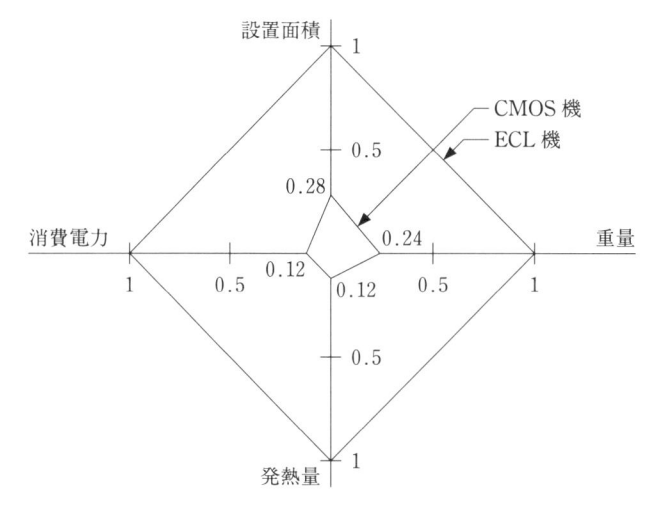

図8-3 CMOS機とECL機の比較

　マイクロプロセッサが実現されつつあった。そのため，ECLマシンの開発は2年ほどで中止となり，1994年ごろからはCMOSを使った大型汎用コンピュータの開発をしようということが会社方針として決まった。このチームは，ECL機の開発の時代に引き続きCMOS機の命令制御の部分を担当することになったのである。

　CMOSは，パソコンやワークステーションには使われていたが，A社では大型機でCMOSを使ったことはなく，いかに短期間でCMOSを使った論理回路を構成して製品開発をするかがEチームの使命であった。大型機分野でCMOSマシンを開発した経験はなかったので，環境的にも非常に厳しかった。ツールも揃っていない。しかし，やらなければならないことは明確で，いかにものをきちっと作って早く世に出すかであった。チップの実装にも工数がかかる。ECLからCMOSに変わると，論理的にもいろいろ変えなければならなかった。

　超大型機とマイクロプロセッサとは機能面で大きな隔たりがあり，マイクロプロセッサでのCMOS採用の成功がそのまま超大型機に当てはまるわけではなく，開発着手当時，まだCMOSの遅いスイッチング速度と引き換えの高集積度を高機能，高性能の超大型機に生かす設計のノウハウは社内にな

中央処理装置(CPU)

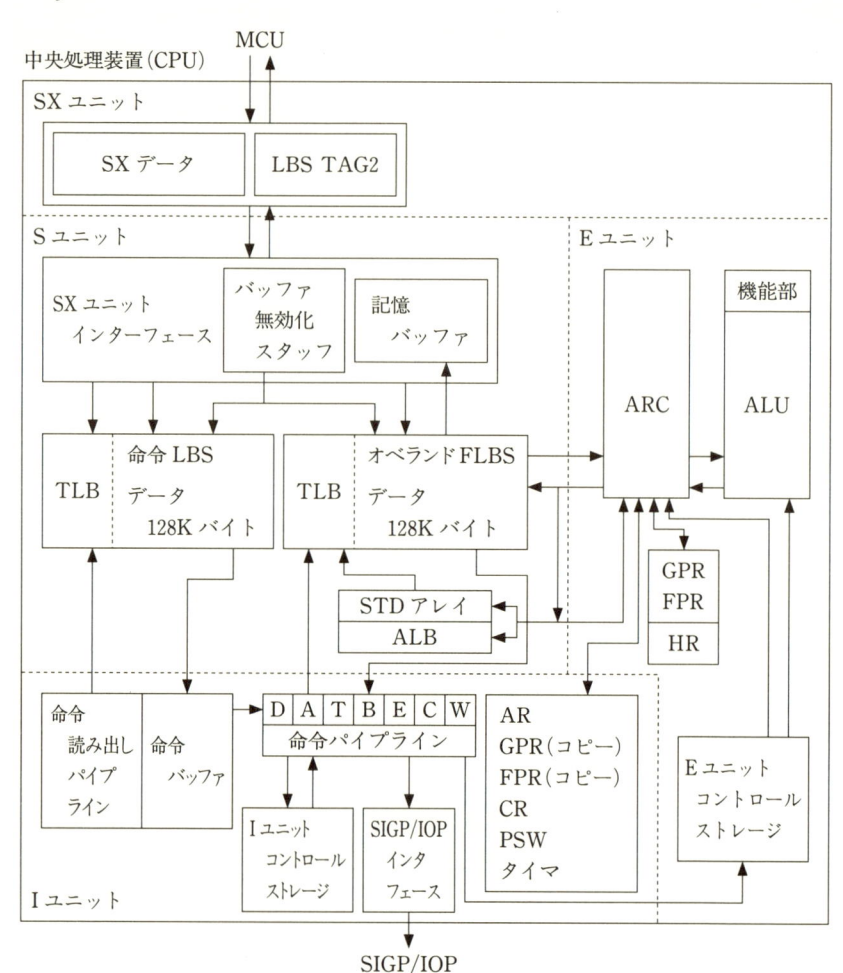

```
              MCU
               ↑↓
┌──────────────────────────────────────────────────────┐
│ SX ユニット                                           │
│   ┌──────────┐  ┌──────────┐                         │
│   │ SX データ│  │ LBS TAG2 │                         │
│   └──────────┘  └──────────┘                         │
└──────────────────────────────────────────────────────┘
```

（以下、ブロック図構成）

S ユニット:
- SX ユニットインターフェース
- バッファ無効化スタッフ
- 記憶バッファ
- TLB / 命令 LBS データ 128K バイト
- TLB / オペランド FLBS データ 128K バイト
- STD アレイ / ALB

E ユニット:
- ARC
- ALU
- GPR / FPR / HR
- E ユニットコントロールストレージ

I ユニット:
- 命令読み出しパイプライン
- 命令バッファ
- 命令パイプライン D A T B E C W
- I ユニットコントロールストレージ
- SIGP/IOP インタフェース
- AR, GPR(コピー), FPR(コピー), CR, PSW, タイマ

↓ SIGP/IOP

ALB ： Access register translation Look aside Buffer
ALU ： Arithmetic and Logic Unit
AR ： Access Register
ARC ： Accessable Register
CR ： Control Register
FPR ： Floating Point Register
GPR ： General-Purpose Register
HR ： Hypervisor Register
LBS ： Local Buffer Storage
PSW ： Program Status Word
STD ： Segment Table Destination
TLB ： Translation Look aside Buffer
SIGP ： SlGnal Processor

図8-4　CPU の構成

く，それを手さぐりで模索しながらの開発であった．ECL と CMOS の両機種を同時に開発するには，開発コストや設備投資の面で無理があり，いずれか一方を選択せざるを得なかった．将来性の点から ECL を止めて CMOS に決定したが，ECL 機の新製品がもはや投入されない以上開発は急を要した．あれこれ迷う余地はなく全力で走るしかなかったのである．この G8600 の開発が始まった当時，このチームのメンバーはリーダーEのほかは4名であったが，途中で他のチームから3名が異動してきてメンバー数は7名となった．

　製品開発は，目標時期から逆に線表を引いて，いついつまでにこういう機能・性能のマシンを出さなければならない，という世界である．市場で戦っていかなければならない以上，さきに目的ありきである．どうしてもこれが必要だ，ということがあり，それに向かって突っ走らなければならない．納期が決まっておりエンジニアの数などパワーは限られているから走らざるを得ず，「横道にそれるのは罪悪である」という文化である．このチームのリーダーEも，研究所の多くのリーダーと同じく，多様性が独創性につながる，という意識は持っていた．しかし，異質性があると，開発の速さを阻害する．リーダーEは，物を開発し製品として出荷できるようにする上で異質性を許容することは非常に難しいことだ，と考えていた．リーダーEは，もともとこのチームに異質性は内在していると考えていたが，その異質性が表面に出ないように押さえざるを得なかった．

　A社の汎用大型コンピュータには，過去から現在への連続した流れがある．従来の A780 型機の回路などの遺産を持っていて，ほとんどそのまま利用し一部に新しいものを付加する．従来のマシンがあってその中で積み上げてきた設計方式を利用することは，Eチームが目標とする CMOS 大型汎用機（G8600）を開発するにあたっても同様であった．このチームを含め，情報処理部門の開発チームが一番よく参照するのは開発中のマシンの一世代前のマシンの回路である．大部分は一世代前のマシンから持ってきて，多少の改良を加えていくのであり，EチームによるG8600の開発も，まさにそういうやり方をとっていた．A780の回路の大部分をもってきて，CMOS という新しいテクノロジーに適合したものに置き換えるのである．もちろん創意工夫

がないわけではなく，それなりに大変ではある。命令制御を行なうときに，いくつかのサイクルに分割して，あるサイクルで何を行ない次のサイクルで何を行なうか，という手順を順次決める。流れ作業といった感じで，これをパイプライン方式と呼んでいる。それぞれのサイクルで何をやるかという分割の仕方が，G8600ではA780と変わっていないのである。従って，基本的な動きはまったく変わっていない。ECLの回路だったものでCMOSに部分的に適合しないところは多少変えるが，それ以外の部分はすべてそのままCMOS用に置き換えるのである。論理図面ができると，実装してLSIを作る。それをマシンに搭載して出荷できるようになったのが1996年初頭であった。こうしてアンケート調査時（1996年8月～9月）の1～2か月後には，このチームのG8600の命令制御の開発という使命は完了した。

　この間，チーム内の異質性はリーダーEにより表面に出てこないように押さえられていた。たとえば，メンバーE1は国立大学の修士課程で情報工学専攻だったが，その間の1年間アメリカの大学に留学している。日本人には珍しく，アメリカ人のように，他人より先に自分の意見を言うタイプである。一人でインドに長期滞在し，フーテン的な暮らしをしたという逸話の持ち主でもある。彼は命令パイプラインの『Eユニット』（図8-4）と呼ばれる部分の設計を担当していたが，設計方式に関しリーダーEを含む他のメンバーと対立した。リーダーEとしてはE1の意見を取り入れる余裕はないと判断し，その意見を退けた。その結果E1を設計から離さざるを得なくなり，E1は他のメンバーが設計したものをシミュレーションなどによって検証するという後方の仕事に回った。異質なものを持っていたがゆえにはじき出されたのである。E1は後にアメリカのマイクロコンピュータ関連の会社に出向した。リーダーEは「今から考えると，E1の意見を取り入れていたとしたら面白かったかも知れないとも思う。しかし，あの時はそれができる環境ではなかった」と述べている。

　また，「異質性が押さえられると，不平不満が単純な形で出てくる」ともリーダーEは言う。例えば，「これはやりたくない」とか「疲れてしまう」などといった発言である。表面だけ見ると後ろ向きに見えるが，リーダーEは，「今の仕事とは別のこういう仕事をやりたいが，できない」というよう

な考えが背景にあったのだろうと考えている。異質性が不平不満といった形で出てきた時に，それを認めていては目標の納期を達成できない。リーダーEは，「こういうことも成果の一つなんだよ」などとなだめすかして，なんとかやらせるということが結構あった，と言う。

なお，アンケート時点には，すでにこのチームの中でG8600の次世代のマシンの開発が進んでおり，そのさらに次の世代となるはずの，従来方式のコンピュータの壁を破る画期的な方式のマシンの開発も始まろうとしていた。この新方式のマシンの開発は，アンケート時点からインタビュー時点（1997年11月）までにかなりの進展を見ている。この過程では，リーダーEが意識的にチーム内の多様性が表面に出てくるような，あるいはチームに異質性を取り込むようなチーム・マネジメントに変えた。

ところで，1996年初め，この会社と提携関係にあるアメリカの会社からアメリカ人のエンジニア1名（E2）が日本にやってきて，このチームに加わった。E2を中心にチーム内で8か月にわたり勉強会を行なった。アメリカ人のE2は，どんな場合もまず自分の意見を述べる。そうすると必然的に議論が活発になり，日本人のメンバーと意見がぶつかり合うことも多くあって，その中からいくつかのすぐれた方式が生まれていった。また，日本人のメンバーの出身学科はばらばらである。情報処理部門全体では情報工学科や電気学科の出身者が多いが，このチームには電気学科出身者が1名いるだけで，リーダーが機械，メンバーは船舶，数学，理工などさまざまである。研究所の「移動体通信用Sフィルタ」の事例と同様，チーム・リーダーを含めメンバーの多くが初めてこの分野を経験したものと言える。

画期的な方式のマシンの開発にあたって，メンバー達は「こういうところは今までこういう風に開発してきたが，別のやり方がいいのではないか」などの考えをそれぞれ持っていた。皆，潜在的にわがままな面がある，とリーダーEは言う。G8600の開発では論理設計をし実装するという，いわば初めから答えがあって，それを工数をかけて達成するにはチームのメンバーを枠にはめればよかった。しかし，「この画期的な方式のマシンの開発のような新しい考えを持ち込まなければならない仕事では，従来と同じやり方をしていては壁を突き破れない」と彼は言う。だから，メンバーに自由にやるよう

にさせると，結構潜在的なわがままが出てくる。「そうしたメンバーのいろいろな行動を許容すると，チームの独創性が出てくることを発見した」とも言う。さらに，「多様性ないし異質性が表面に出るのを押さえ続けてきた後であったが，今から考えると異質性がよく温存されていた」ともリーダーEは語っている。

　リーダーE自身も異質なものを持っている。A社には，入社前に職歴のある人はあまり多くないが，彼は入社前に写真フイルムの会社の生産ラインでフイルムの箱詰め作業の機械化の仕事を担当した経験がある。また，「アイデアは机の上の仕事からだけ生まれるものではない」と考え，時折早退してしまう。事実，会社外で山歩きをしていた時に素晴らしいアイデアが生まれたこともあった。ただし，G8600の開発が中心だったころには，彼自身も自

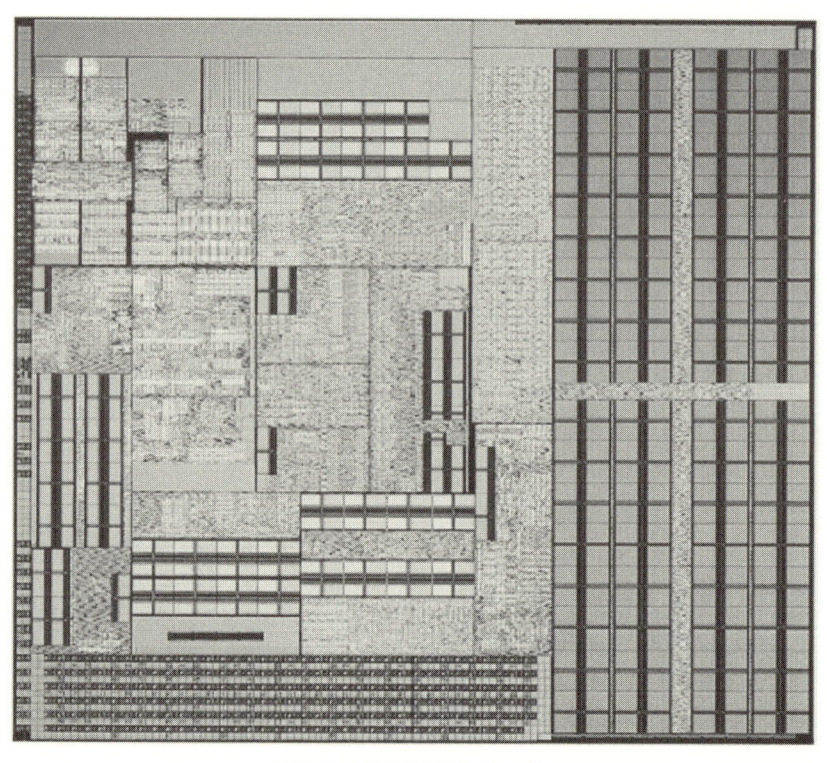

図8-5　ZPARK64V チップ

第8章 事業部門における検討

己の中の異質なものを押さえていた。

　情報処理部門のこの事例の前半は，独創性を出すために多様性や異質性が表面に出ないように押さえられていたことを示している。その結果，異質性のないチームとなって独創性を発揮した。多様性と独創性の関連は薄いのである。ただし，この部門の独創性の意味あいの中には「開発の速さ」が含まれている。なお，このEチームのリーダーがちょうどアンケート前後の時点から，技術的な壁を破りまったく新しい方式のコンピュータを設計する必要から，異質性を表面に出すチーム・マネジメントに変えたことは，後半において述べたとおりである。

　なお，文中の「従来方式の壁を破る画期的な方式」は，G8600の2世代後のG8800Bで実用化された。この方式は，後にG8900，さらに2003年から出荷が開始されたサーバーの新シリーズG21にも引き継がれ，最上位機ばかりでなく，すべての機種がこの方式になった。また，この方式は，UNIXサーバーであるBRIMEPOWERのCPUに採用されたZPARC64 Vにも展開された（図8-5）。

　2003年12月に筆者は再びリーダーEを訪ねた。彼は，「世界的に寡占と淘汰が進行し，もはやCPUを独自開発することはごく限られた数社でしか行なわれていない特権的なものとなった。そういう現在でも，CPUの開発，それもメインフレームとUNIXマシンの双方ともに採用されているCPUの開発に継続して携わっていることを，名誉あるものと感じている」と語ってくれた。

第9章

結論

　本書では，まず，日本企業140社から得られたアンケートをもとに，組織の創造性を高めると，企業のパフォーマンスがよくなること（命題1）と，組織の活性度が高まると，組織の創造性が高まること（命題2）が分かった。ただし，組織文化の違いにより，命題2の現われ方には差があった。合理性重視型の組織文化の企業では，チャレンジ精神型の企業と異なり，活性度が高まっても創造性は高まることがないのである。

　次に，A社の研究所におけるアンケートで，「独創性があると思うチームはどこか」および「独創性のある個人はだれか」を質問した。その結果から，独創性は特許の出願件数や論文数などの研究開発のパフォーマンスとは違うものであることが分かった。

〔事実発見1〕
　特許出願数や論文数と，独創性のあるチームのチーム得票数，および個人得票のチーム内合計数とは相関が低い。

　さらに，上記の投票結果を見ていったところ，企業の研究開発チームには，個人特性とは別のチーム特性としての独創性が存在することが分かってきた。このことは，チームを研究の対象とした本書にとって好都合な結果であった。

〔事実発見2〕

製造企業の研究開発チームにおいては，個人特性とは別のチーム特性としての独創性が存在する。

次に，チーム得票ランキング上位の数チームにインタビューを行なったところ，当初考えていたとおり，独創性のあるチームには多様性があることが研究開発現場の実態から分かってきた。この本では，そのうち三つの事例を取りあげた。事例1（移動体通信用Sフィルタ）では，意見が対立し普通なら多数意見が取り入れられそうな場面なのに，妥協を嫌う研究員の少数意見をリーダーが採用したことにより研究が大きく前進した。また，このチームにとり，他部門との連携も重要であった。事例2（Bトランジスタ）は，多様性の内容が大学時代における専門の多様性という明確なものであった。事例3（電子コミュニティ）で扱ったのは異分野経験者の入ったチームで，そのメンバー達にリーダーが自由に議論をさせた。これらの三つのチームのリーダー以外にも幾人かのリーダーとメンバーにインタビューしたが，研究開発現場のリーダーの意識の中では多様性が研究の原動力の一つになっているものと考えられた。

チームの多様性が独創性に効くことは，アンケートの統計的分析結果からも支持された。因子分析の結果六つの因子が抽出できたが，それらは(1)チームの構成メンバーの多様性と，(2)異質性取り込みなどのリーダーのチーム・マネジメント，に大きく2分できた。前者は，多様な知識・考え方（第1因子），海外や大学との接触（第3因子），異分野経験（第5因子），および多様な性格・個性（第6因子）の4因子から成る。後者は，異質性取り込み・混合のチーム・マネジメント（第2因子）および組織間連携（第4因子）の2因子から成る。ただし，多様性以外にもチームの独創性に影響を与える要因があるかも知れないので，チームの独創性は多様性だけがよりどころになると主張するものではない。少なくとも多様性が効くことが分かったのである。

第9章 結論　139

〔事実発見3〕
　「チームの構成メンバーの多様性」と「異質性取り込みなどのリーダーのチーム・マネジメント」がチームの独創性につながる。

　さらに，研究開発分野別（ハードウェア研究およびソフトウェア研究）に見ると，ハードウェア研究チーム中の独創性のある群と独創性のない群の差と，ソフトウェア研究チームの中の独創性のある群と独創性のない群の差の比較から，独創性のないソフトウェア研究のチームは「組織間連携」（第4因子）と「多様な性格・個性」の二つの面で多様性の導入が遅れているのではないかと考えられた。

〔事実発見4〕
　ソフトウェア研究のチームにおいては，ハードウェア研究のチーム以上に，「組織間連携」と「多様な性格・個性」の二つの因子得点の独創性への関連度が強い。

　続いて，研究所以外の事業部門（システム開発部門および情報処理部門）における統計的分析および事例研究からは，システム開発部門においても多様性が独創性につながること，および情報処理部門では独創性と異質性の関連が薄いことが分かった。システム開発部門は主として直接顧客と接触する部門であることもあって上記の特徴が出てきており，情報処理部門では開発の速さが重要な要素の一つであることから，上記の特徴が出てきたものであった。

〔事実発見5〕
　システム開発部門においても，多様性が独創性につながる。

〔事実発見6〕
　情報処理部門においては，独創性と多様性の関連は薄い。

以上の六つの事実発見から，製造企業の研究開発組織における管理上の有益な示唆が得られたものと考えられる。たとえば，研究所の研究開発分野別の分析から，ソフトウェア研究のチームでは，ハードウェア研究のチームとは異なる管理方法が必要なことが示唆される。具体的には，組織間連携を強化すること，および，チームに多様な性格・個性を導入することである。もちろん他の四つの因子がおろそかにされてよいということではなく，六つの因子とも大切だが，特に上記の2因子に力を入れるとよいのではないか，という意味である。また，情報処理部門の統計的分析では，独創性と多様性の関連が薄いという現状が浮かび上がったが，この情報処理部門の事例をも合わせ考えると，今後については情報処理部門としても多様性を導入していくべきことが示唆される。

　本書の目的は分析結果を示すことであり，実際の研究開発管理への適用施策については今後十分に検討されなければならず今後の課題であるが，そのための大まかな方向性は得られたのではないかと考える。研究開発チームに多様性を持たせておけばよいのではなく，因子分析の結果からも明らかなように「異質性取り込みなどのリーダーのチーム・マネジメント」も重要である。多様性を大きく分けると，(1)チームの構成メンバーの多様性，および(2)異質性取り込みなどのリーダーのチーム・マネジメント，の二つであった。同質的なメンバー間では議論は発生しにくいが，異質なメンバー間では議論が発生しやすい。異質なもののぶつかり合いが自然な形で行なわれるように持っていくのがリーダーの役目だと思われる。異質なものを重んじ，異質なもの同士がぶつかり合うことによって新たな独創性が生まれるのである。そうすることにより，独創的な個人がいなくてもマネジメントにより独創性を生み出すことができるのである。ただし，新しいものを生み出すという目標はあっても，その対象や時期が明確でそれに向かって走るというミッションが強いチームにあっては，多様性ないし異質性が邪魔になることがあり，同質性を持たせるか，あるいは多様性ないし異質性があっても，それが表面に出てこないように抑えるマネジメントが必要である。こうみてくると，今までのように，「他人と同じことをやっていれば安心」といった考えの強い日本の風土にあって，ストレートに「他人と同じことはやりたくない」という

ような欧米的な考えそのものではないがそれに近い要素をも加味したチーム・マネジメント，あるいは経営が日本の製造企業には必要ではないだろうか。さらに言えば，異質性や多様性を重んじる社会に変わることが独創的な日本となるためには重要であると考える。

　では，どのようにしてチームに異質性を注入すればよいのだろうか。研究所のアンケート・データの因子分析で得られた第1因子「多様な知識・考え方」や第5因子「異分野経験」などをチームに注入するということは，実は研究者の流動性を確保するということにほかならない。米国などでは人材が会社等の組織間を転職とをいう形で動くのが常であるのに対し，日本では終身雇用制は崩れつつはあるけれども，一つの組織に長期間にわたって所属する人が多い。研究者を流動化するためには，中途採用の労働市場の形成や終身雇用を前提としない人事制度の構築などが必要である。

　一つの会社などの組織の中での流動性を増すことの意義も大きいものと思われる。A社の研究所の中においてすら，研究部門間での異動はきわめて稀であり，研究部門間で異動した配転者がチーム内にいること自体がチームの独創性と強い関連をもっていた。チームとしての独創性得票が最も多かった電子コミュニティのチームには，情報研究部門でありながら通信研究部門の出身者が2名も含まれていたが，そのことがチームの独創性につながる一つの要因となった。また，全員が素人であるチームが独創性を発揮したSフィルタの事例を考えると，今まで企業等の内部の配転は少しずつ行なうのが原則であったが，全員をグループごとに，あるいは課ごとに入れ替えるという人事異動も有効である可能性がある。因子分析で得られた第3因子「海外や大学との接触」は，大学の研究者との提携・共同研究の変数の負荷量が大きかった。また，第4因子「組織間連携」は，A社グループ内での提携・共同研究とともに，A社グループ外との提携・共同研究の負荷量が大きかった。これらのことは，企業にとって大学や官との連携がイノベーションに結びつくであろうことを，企業の側でも認識しそれを求めているのだとも考えられる。このことから，産・学・官相互間での転職を促すような仕組みづくりが必要であると言えよう。

　第1因子「多様な知識・考え方」では，留学以外の海外在住経験が，また，

第3因子「海外や大学との接触」では，海外留学経験と海外出張頻度の負荷量が大きかった。どのような形であれ，海外との交流が独創性に重要な役割を果たすことが分かる。

第6因子「多様な性格・個性」は，修士課程の大学名が学部時と違うかどうかも負荷量が大きかった。学部卒業生の多くがその大学の大学院修士課程に進学し，そしてまた多くが同じ大学の博士課程に進学するという日本の現状は，いろいろな教官等の考えに接する機会を阻むことになっている。

以上のように，企業内外での人材の流動性は研究開発現場での独創性に結びつき，研究開発の質を上げるものと考えられるので，研究人材の流動性を高めることを真剣に考えなければなるまい。このことは，企業でも，そしてまた法人化を前にした国立大学を含め多くの大学で認識されるようになってきたように思われる。しかし，一気にこれを進めると副作用が現れる可能性がある。長年の日本の文化の中で，またそれぞれの企業や大学などの長年の文化の中でそれを尊重しつつ進めていかなければならない。日本企業の多くが，日本の国民文化や企業文化を考慮することなく年功序列を捨てて業績主義の人事制度を導入した時期があったが，今その反動が副作用となって出てきていることを思い起こしてみなければならない。人材の流動性を促す仕組みづくりも，急激に導入を進めると数年後には反省し止めなければならなくなる恐れがあるので，文化的要因を十分考慮して進めることが大切だと考えるのである。

おわりに

　第5章以降の調査に協力していただいたのはA社であるが，筆者は2000年1月，A社のアメリカ現地法人の社長兼 CEO である山村弘氏を訪ねた。多様性ないし異質性と独創性との関係について，日本とアメリカの違いについて示唆を得るのが目的である。この現地法人はカリフォルニア州のサンタクララにある。周知のように，アメリカでは日本におけるより企業間などでの人の流動性が高い。

　彼は，次のように語ってくれた。まず，アメリカの企業・社会には，国外から来た人材が多い。そのため，企業組織において多様性ないし異質性が存在することは当然とされている。逆に，同質性を追求するような会社はうまくいかない。しかし，だからといって日本でも異質性そのものを目的として経営を行なってもうまくいかないのではないだろうか。多様性や異質性が重要であるとしても，会社としてのカルチャー，目標，戦略は維持しなければならない。人材を多様化すればよいというものではない。

　彼はさらに言う。アメリカにおいては，人材の流動性がある。しかし，たとえば，ある人をヘッドハントするとその人の部下全員がチーム単位で転職することがある。このような場合，その組織のビジネスのスタイルは維持される。逆に，ビジネスのスタイルを維持するために，そのスタイルに適合する人材を他社から招く場合もある。独創性を発揮する組織の形態は，カルチャーによって違うはずである。アメリカのカルチャーに合った組織というものがあるものと考えられる。そのような研究は非常に重要であり，企業に

とっても価値があるのではないだろうか。

また、翌2001年11月には、日本企業からスタンフォード大学に派遣されて研究を続けている若い日本人研究者を訪ねた。カリフォルニア州の大学を選んだのは、カリフォルニアの地がアメリカの中でも人種のるつぼ的な色彩が強く、また、ノーベル賞受賞者数が非常に多いことに見られるように、独創性ある研究者を輩出している地だからである。

この日本人研究者は東京の国立大学大学院博士課程を修了し、日本で光ファイバーを製造している大手企業S社に入社した。その数年後には自ら志願して、会社からスタンフォード大学に派遣され研究をしている。インタビュー当時、彼は渡米して14か月目であった。彼が所属する研究室は二つの部屋からなっており、そのうち一方は実験室である。もう一方の部屋に、日本の大手企業から派遣されて研究をしている人が彼のほかに4名いる。5名とも、別々の企業の所属である。

独創性やベンチャー企業について、彼は次のように考えている。独創性には技術的なひらめきが大切であるが、そのために、いろいろな企業に所属する、いろいろなバックグラウンドを持つ人たちとの議論は面白く有効である。また、シリコンバレーの企業の文化は転職文化であるが、競合会社の人同士でも仲がよい。企業という枠内でしかものを考えられない日本企業とは異なり、技術者集団とでもいうべき枠でものを考えるからである、と思う。そして、自分達のような外国人客員研究員は、いずれ自分でベンチャー企業を立ち上げたいと考えているようである。そして、アメリカの技術者の地位は、日本におけるよりも格段に高い。CTO（チーフ・テクニカル・オフィサー）が、ベンチャー・キャピタルに相談すると、すぐに経理の人などを集めて、ベンチャー企業の立ち上げを支援してくれる。たとえば、最近、ES細胞のベンチャー企業が設立された。2000年から2001年にかけてのベンチャーブームは、すごかった。論文が出ると、ほぼ同時にそれを応用した製品が発売される。技術者が出資してほしいと言ってくることがあるが、そういうところに、学会などでは聞けない面白い話が隠れている。

彼は、独創性とカリフォルニアについて、次のように考えている。すなわち、独創性とは、問題に気がつく、つまり発見のことであるが、そういう能

力は人によって差があるわけではない、と言うのである。困った問題に遭遇したときに、それを「できない」と思うか、「できる」と思うか、そういう考え方の違いに過ぎない。よく、日本人は独創性に乏しい、と言われる。頭はよいが、新しい発想を出せないのである。しかし、カリフォルニアに来ている日本人には、そんなイメージはまったくない。カリフォルニアに来ている日本人は、アメリカに行きたいという気持ちを持ち続けて、タイミングを見て上司に「行きたい」と申し出て来た人たちばかりである。企業同士は外から見ると競合関係にあるが、実は補完しあっている。特に、光通信の分野では技術の幅が広いので、1社だけで研究開発を行なうのは無理である。MBAを取得しているのはほとんどが白人であるが、なぜMBAがもてはやされるのか分からない。技術に強いのはアジア人であり、ベンチャー・ビジネスの社長はアジア系の人がきわめて多い。ベンチャー・ビジネスを起こした人、また、買収された人には実入りがある。日本なら大企業がベンチャー・ビジネスをつぶしてしまうところである。カリフォルニアでは技術のネタを売り、ストック・オプションを売り、それによって得たお金でまた何か新しい事業を始める。

そして彼は、彼の研究分野と日本への期待について次のように語ってくれた。自分は、たくさんの情報を遠くに送る技術の開発を行なっている。電流を光に変換し、伝送しそして再び電流に変える。そういった技術はアメリカで標準となる仕様ができる。だから、彼らアジア人らはアメリカに来ているのだ。一つの技術では他国に譲っても、複数の技術を組み合わせるところはアメリカが断然強い。しかし、最近では部品もアメリカでできるようになってきた。ベンチャー・ビジネスがやるようになってきたのだ。なぜなら、工場を持たない企業が成り立つようになってきたからである。アメリカでは、大学の教員は1年間のサバティカルがあれば、たいていベンチャー・ビジネスを起こす。スタンフォード大学の教員も同様である。日本の大学の教員も分析だけに終わらず、提言をし、さらに実践まで行なうことを期待したい、と。

以上のように、日本企業での二つの調査から得られた示唆は、カリフォルニア州で働く二人の日本人へのインタビューによって補強された。研究開発

チームには，1プラス1が3にも4にもなるような面がある。もともと組織というものが作られる目的はそのためである。ほかにもよい方法があるかも知れないが，チームに異質なものを入れること，すなわち，チームに多様性をもたせることが一つの有力な手段であることは間違いない。独創性のある人がいないよりはいるほうがよいかも知れないが，必ずしも独創的な個人がいなくてもマネジメントによって独創性を生み出すことが可能なのである。

参考文献

Abegglen, J. C. (1958) *The Japanese Factory : Aspects of its Social Organization.* Free Press, Glencoe, Ill. (占部都美・森義昭訳『日本の経営』ダイヤモンド社, 1958)

Abernathy, W. J. (1978) *The Productivity Dilemma : Roadblock to Innovation in the Automobile Industry.* Johns Hopkins University Press, Baltimore, Md.

AitSahlia, F., E. Johnson & P. Will (1995) "Is Concurrent Engineering always a Sensible Proposition ?," *IEEE Transactions on Engineering Management*, 42 (2), 166-170.

Albrecht, M. H. (eds.) (2001) *International HRM : Managing Diversity in the Workplace.* Blackwell Pub., Oxford.

Aldridge, M. D. & P. M. Swamidass (1996) *Cross-Functional Management of Technology.* Irwin, Chicago.

Allen, T. J. (1979) *Managing the Flow of Technology.* MIT Press, Cambridge, Mass. (中村伸夫訳『"技術の流れ"管理法』開発社, 1988)

Ancona, D. G. & D. F. Caldwell (1992) "Demography and Design : Predictors of new product team performance," *Organization Science*, 3 (3), 321-341.

Ansoff, H. I. (1965) *Corporate Strategy.* McGraw-Hill, New York. (広田寿亮訳『企業戦略論』産業能率大学出版部, 1969)

Aoki, M. & R. Dore (1994) *The Japanese Firm : Sources of Competitive Strength.* Oxford University Press, New York. (NTTデータ通信システム科学研究所訳『システムとしての日本企業』NTT出版, 1995, 181-207)

Barnard, C. I. (1938) *The Functions of the Executive.* Harvard University Press,

Cambridge, Mass. (山本安次郎・田杉競・飯野春樹訳『新訳　経営者の役割』ダイヤモンド社, 1968)

Bartlett, C. A. & S. Ghoshal (1989) *Managing Across Borders : The Transnational Solution*. Harvard Business School Press, Boston, Mass. (吉原英樹監訳『地球市場時代の企業戦略』日本経済新聞社, 1990)

Basadur, M. (1992) "Managing Creativity : a Japanese Model," *Academy of Managing Executive*, 6 (2), 29-42.

Baer, J. (1993) *Creativity and Divergent Thinking : A Task-Specific Approach*. Lawrence Erlbaum Associates, Hillsdale, NJ.

Belbin, R. M. (1981), *Management Teams : Why They Succeed or Fail*. Butterworth Heinemann, Woburm, MA.

Berle, A. A., Jr. & G. C. Means (1932) *The Modern Corporation and Private Property*. Macmillan, New York. Reissued 1982 by William S. Hein & Co., Buffalo, New York. (北島忠男訳『近代株式会社と私有財産』文雅堂銀行研究社, 1959)

Brown, S. L. & K. M. Eisenhardt (1995) "Product Development : Past research, Present Findings, and Future Directions," *Academy of Management Review*, 20 (2), 343-378.

Cartwright, R. (2002) *Managing Diversity*. Capstone, Oxford.

Chandler, A. D., Jr. (1977) *The Visible Hand : The Managerial Revolution in American Business*. The Belknap Press of Harvard University Press, Cambridge, Mass. (鳥羽欽一郎・小林袈裟治訳『経営者の時代（上・下）』東洋経済新報社, 1979)

Chaudron, D. (1995) "How to Improve Cross-functional Teams," *HR Focus*, 72 (8), 1-5.

Christensen, C. M. (1997) *The Innovator's Dilemma : When New Technologies Cause Great Firms to Fail*. Harvard Business School Press, Boston, Mass.

Clark, K. B. & T. Fujimoto (1991) *Product Development Performance*. Harvard Business School Press, Boston, Mass. (田村明比古訳『製品開発力』ダイヤモンド社, 1993)

Cutcher-Gershenfeld, J., M. Nitta, B. Barrett, N. Belhrdi, J. Bullard, C. Coutchie, T. Inaba, I. Ishino, S. Lee, W. Lin, W. Mothersell, S. Rabine, S. Ramanand, M. Strolle, & A. Wheaton (1994) "Japanese Team-Based Work Systems in North America : Explaining the Diversity," *California Manage-*

ment Review, 37 (1), 42-64.

Davidson, M. J. & G. L. Cooper (1992), *Shattering the Glass Ceiling : the Woman Manager*, Chapman, London.

Deal, T. E. & A. A. Kennedy (1982) *Corporate Cultures : The Rites and Rituals of Corporate Life*. Addison-Wesley, Reading, Mass.（城山三郎訳『シンボリック・マネジャー』新潮社, 1983)

Denison, D. R., S. L. Hart & J. A. Kahn (1996) "From Chimneys to Cross-functional Teams : Developing and Validating Diagnostic Model," *Academy of Management Journal*, 39 (4), 1005-1023.

DiTomaso, N., G. F. Farris & R. Cordero (1993) "Diversity in the Technical Workforce : Rethinking the Management of Scientists and Engineers," *Journal of Engineering and Technology Management*, 10 (1/2), 101-127.

Donnellon, A. (1996) *Team Talk : The Power of Language in Team Dynamics*. Harvard Business School Press, Boston, Mass.

Drucker, P. F. (1971) "What we can learn from Japanese Management," *Harvard Business Review*, March-April, 110-122.

Esty, K., R. Griffin & M. S. Hirsch (1995) *Workplace Diversity*. Adams media, Avon, MA.

江崎玲於奈（1993）『個性と創造』読売新聞社。

Fayol, H. (1917) *Administration Industrielle et Générale*. Dunod, Paris.（佐々木恒男訳『産業ならびに一般の管理』未来社, 1972)

藤本隆宏（1997）『生産システムの進化論―トヨタ自動車にみる組織能力と創発プロセス―』有斐閣。

二村英幸（1983）「組織活性化，その実証的研究」『組織科学』17(3), 35-46。

学術月報編集委員会編（1981）『研究と創造性』日本学術振興会。

Galbraith, J. R. & D. A. Nathanson (1978) *Strategy Implementation : The Role of Structure and Process*. West, Minnesota.（岸田民樹訳『経営戦略と組織デザイン』白桃書房, 1989)

Gentile, M. C. (eds.) (1994) *Differences that Work : Organizational Excellence through Diversity*. Harvard Business Review Book.

Goffin, R. D. & E. Helmes (eds.) (2000) *Problems and Solutions in Human Assessment*. Kluwer Academic Publishers, Norwell, MA.

Greer, C. R. & W. R. Plunkett (2003) *Supervision : Diversity and Teams in the Workplace*. 10th edition, Drentice Hall, Upper Saddle River, NJ.

Guzzo, R. A. & E. Salas & Associates (1995) *Team Effectiveness and Decision Making in Organizations*. Jossey-Bass, San Francisco, CA.

Handy, C. (1976) *Understanding Organizations*. Penguin, London.

Handy, C. (1992) "Balancing Corporate Power: A New Federalist Paper," *Harvard Business Review*, November-December, 59-72.

Harris, P. & R. Moran (2000) *Managing Cultural Differences*. Gulf Pub., Houston, TX.

Harrison, D. A., K. H. Price & M. P. Bell (1998) "Beyond Relational Demography: Time and the Effects of Surface- and Deep-level Diversity on Work Group Cohesion," *Academy of Management Journal*, 41(1), 96-107.

Haupton, O. & K. K. Hirji (1996) "The Influence of Process Concurrency on Project Outcomes in Product Development: An Empirical Study of Cross-functional Teams," *IEEE Transactions on Engineering Management*, 43(2), 153-164.

Hofstede, G. H. (1980) *Culture's Consequences : International Differences in Work-Related Values*. Sage, Newbury Park, CA. Abridged ed. Sage, Beverly Hills, 1984. (1984年版の訳：萬成博・安藤文四郎訳『経営文化の国際比較―多国籍企業の中の国民性―』産業能率大学出版部, 1984)

Hofstede, G. H. (1991 ; 1997) *Cultures and Organizations : Software of the Mind*. McGraw-Hill, London, Revised ed. McGraw-Hill, New York. (1991年版の訳：岩井紀子・岩井八郎訳『多文化世界』有斐閣, 1995)

市川伸一・大橋靖雄（1987）『SASによるデータ解析入門』東京大学出版会。

稲葉元吉・山倉健嗣（1985）「組織革新論の展開」『組織科学』19(1), 78-89。

石井淳蔵・奥村昭博・加護野忠男・野中郁次郎（1985）『経営戦略論』有斐閣。

伊丹敬之（1984）『新・経営戦略の論理』日本経済新聞社。

Jackson, S. E., J. F. Brett, V. I. Sessa, D. M. Cooper, J. A. Julin, & K. Peyronnin (1991) "Some Differences Make a Difference: Individual Dissimilarity and Group Heterogeneity as Correlates of Recruitment, Promotions, and Turnover," *Journal of Management Review*, 76(5), 675-689.

Jackson, S. E. & M. H. Ruderman (eds.) (1996) *Diversity in Work Teams : Research Paradigms for a Changing Workplace*. American Psychological Association, Washington, DC.

Jehn, K. A., G. B. Northcraft & M. A. Neale (1999) "Why Differences Make a Difference: A Field Study of Diversity, Conflict, and Performance in

Workgroups," *Administrative Science Quarterly*, 44, December, 741-763.
加護野忠男（1985）「創造的組織の条件」『組織科学』19(1), 11-19。
加護野忠男（1989）「戦略創造の組織論」『組織科学』23(1), 50-58。
加護野忠男・野中郁次郎・榊原清則・奥村昭博（1983）『日米企業の経営比較—戦略的環境適応の理論—』日本経済新聞社。
亀岡太郎（1983）『IBMの人事管理』三天書房。
軽部征夫（1996）『独創人間』悠飛社。
Katzenbach, J. R. (eds.) (1998) *The Work of Teams*. Harvard Business School Press, Boston, Mass.
Katzenbach, J. R. & D. K. Smith (1993) *The Wisdom of Teams*. Harvard Business School Press, Boston, Mass.（吉良直人訳『〔高業績チーム〕の知恵』ダイヤモンド社, 1994）
茅野健・只野文哉・大原秀晴・唐津一・桑原裕・寺崎実・西川徹・柳下和夫（1992）『改訂版 研究・開発—経営工学シリーズ17—』日本規格協会。
河合忠彦（1991）『戦略的組織活性化』有斐閣。
経営革新実態調査委員会（1991）「わが国主要208社にみる経営革新の実態と成功する方法」『Business Research』3月号, 16-37。
Keller, R. T. (1984) "The Role of Performance and Absenteeism in the Prediction of Turnover," *Academy of Management Journal*, 27(1), 176-183.
Keller, R. T. (2001) "Cross-Functional Project Groups in Research and New Product Development: Diversity, Communications, Job Stress, and Outcomes," *Management Journal*, 44(3), 547-555.
Kessler, E. H. & A. K. Chakrabarti (1996) "Innovation Speed: A Conceptual Model of Context, Antecedents, and Outcomes," *Academy of Management Review*, 21(4), 1143-1191.
企業研究会編（1990）『経営革新とミドル・マネジメント』企業研究会。
菊本辰道（1986）「衆知を活かした組織活性化運動」『組織科学』20(2), 13-25。
小林幸一郎（1985）「組織文化の革新と組織開発」『組織科学』19(1), 55-65。
児玉文雄（1991）『ハイテク技術のパラダイム—マクロ技術学の体系—』中央公論社。
Kodama, F. (1991, 1995) *Emerging Patterns of Innovation: Sources of Japan's Technological Edge*. Harvard Business School Press, Boston, Mass.
児玉文雄・玄場公規編著（2000）『新規事業創出戦略』生産性出版。
近藤正幸（1984）「企業の柔軟性を高める経営要因は何か」『JMAジャーナル』7月号, 日本能率協会。

河野豊弘 (1986)「組織の創造性について―新製品開発過程からの分析―」『学習院大学経済論集』23 (1, 2), 1-37。

河野豊弘 (1988)『変革の企業文化』講談社。

今野浩一郎 (1993)『研究開発マネジメント入門』日本経済新聞社。

Kossek, E. E. & S. A. Label (eds.) (1996) *Managing Diversity : Human Resource, Strategies for Transforming the Workplace.* Blackwell Pub., Malden, MA.

楠木建・野中郁次郎・永田晃也 (1995)「日本企業の製品開発における組織能力」『組織科学』29(1), 92-108。

Lau, D. C. & J. K. Murnighan (1998) "Demographic Diversity and Faultlines: The Compositional Dynamics of Organizational Group," *Academy of Management Review*, 23 (2), 325-340.

Likert, R. & J. G. Likert (1976) *New Ways of Managing Conflict.* McGraw-Hill, New York. (三隅二不二監訳, 白樫三四郎・関文恭・杉万俊夫訳『コンフリクトの行動科学』ダイヤモンド社, 1988)

Lorsch, J. W. & P. R. Lawrence (1965) "Organizing for Product Innovation," *Harvard Business Review*, 43, January-February, 109-122.

Lutz, R. A. (1994) "Implementing Technological Change with Cross-functional Teams," *Research-Technology Management*, 37 (2), 14-18.

March, J. G. & H. A. Simon (1958:1993) *Organizations.* John Wiley & Sons, New York. 2nd ed. Blackwell, Cambridge, Mass. (初版の訳:土屋守章訳『オーガニゼーションズ』ダイヤモンド社, 1977)

Maslow, A. H. (1943) "A Theory of Human Motivation," *Psychological Review*, 50, 370-396.

Maslow, A. H. (1954) *Motivation and Personality, 2nd ed.*, Harper, New York. (小口忠彦訳『人間性の心理学』産業能率大学出版部, 1971)

McGregor, D. (1960) *The Human Side of Enterprise.* McGraw-Hill, New York. (高橋達男訳『新版 企業の人間的側面』産業能率短期大学出版部, 1970)

Miles, R. E. & C. C. Snow (1978) *Organizational Strategy, Structure, and Process.* McGraw-Hill, New York. (土屋守章・内野崇・中野工訳『戦略型経営』ダイヤモンド社, 1983)

Milliken, F. J. & L. L. Martins (1996) "Searching for Common Threads: Understanding the Multiple Effects of Diversity in Organizational Groups," *Academy of Management Review*, 21 (2), 402-433.

Morton, J. A. (1971) *Organizing for Innovation.* McGraw-Hill, New York. (高橋

達男訳『革新のエコロジー』産業能率短期大学出版部,1970)
村上陽一郎(1986)『近代科学を超えて』講談社.
永井道雄・西澤潤一(1987)『創造性を育てる』岩波書店.
日本創造学会編(1983)『創造の理論と方法―創造性研究1―』共立出版.
日本創造学会編(1994)『異分野・異文化の交流と創造性―創造性研究10―』共立出版.
日経ビジネス編(1989)『良い会社』日本経済新聞社.
西尾実・岩淵悦太郎・水谷静夫(1994)『岩波国語辞典 第5版』岩波書店.
野中郁次郎(1990)『知識創造の経営―日本企業のエピステモロジー―』日本経済新聞社.
野中郁次郎・恩田彰・久野誠之・大坪檀・梅澤正・井原哲夫・田中真砂子・吉田民人(1989)『創造する組織の研究』講談社.
大橋岩雄(1991)『研究開発管理の行動科学』同文舘出版.
奥村昭博(1986)『企業イノベーションへの挑戦』日本経済新聞社.
Olson, E. M., O. C. Walker, Jr. & R. W. Ruekert (1995) "Organizing for Effective New Product Development: The Moderating Role of Product Innovativeness," *Journal of Marketing*, 59(1), 48-62.
大滝精一(1987)「組織の革新」野中郁次郎・寺本義也編著『経営管理』中央経済社.
小山和伸(1992)『技術革新の戦略と組織行動』白桃書房.
Pelz, D. C. & F. M. Andrews (1966) *Scientists in Organizations: Productive Climates for Research and Development*. John Wiley & Sons, New York.(兼子宙監訳,長町三生・加藤愛之助・榊原幸一・井上努訳『創造の行動科学―科学技術者の業績と組織―』ダイヤモンド社,1971)
Polanyi, M. (1966) *The Tacit Dimension*. Routledge & Kegan Pau, London.(佐藤敬三訳『暗黙知の次元―言語から非言語へ―』紀伊國屋書店,1980)
Porter, M. E. (1980) *Competitive Strategy*. Macmillan, Publishing, New York.(土岐坤・中辻萬治・服部照夫訳『競争の戦略』ダイヤモンド社,1982)
Porter, M. E. (1985) *Competitive Advantage*. The Free Press.(土岐坤・中辻萬治・小野寺武夫訳『競争優位の戦略』ダイヤモンド社,1985)
Roberts, E. B. (1987) *Generating Technological Innovation*. Oxford University Press, New York.
Roethlisberger, F. J. (1942) *Management and Morale*. Harvard University Press, Cambridge, Mass.(野田一夫・川村欣也訳『経営と勤労意欲』ダイヤモンド社,1954)

Rogers, E. M. (1982) *Diffusion of Innovations*. 3rd ed., Free Press, New York. (青池慎一・宇野善康監訳『イノベーション普及学』産能大学出版部, 1990)

Rumelt, R. P. (1974) *Strategy, Structure and Economic Performance*. Harvard Business School Press, Boston, Mass. (鳥羽欣一郎他訳『多角化戦略と経済効果』東洋経済新報社, 1977)

Runco, M. A. (1991) *Divergent Thinking*. Ablex Publishing, Norwood, NJ.

Runco, M. A. (1997) *The Creativity Research Handbook vol. 1*. Hampton Press, Cresskill, NJ.

Runco, M. A. & S. R. Pritzker (eds.) (1999) *Encyclopedia of Creativity Vol. 1 & 2*. Academic Press, San Diego, CA.

榊原清則 (1985)「社内ベンチャーの意義」『組織科学』19(1), 20-30。

榊原清則 (1989)「新しい成長戦略と戦略創発組織」『組織科学』23(2), 71-79。

榊原清則 (1995)『日本企業の研究開発マネジメント—"組織内同形化"とその超克—』千倉書房。

坂倉省吾 (1987)「民間研究所を中心とする研究管理の実態調査報告—アンケート調査およびヒアリング調査をもとにして—」『研究技術計画』2(3), 264-291。

坂倉省吾 (1988)「民間研究所を中心とする研究管理の実態調査報告(その2)—業種別の分析—」『研究技術計画』3(1), 68-81。

Sakakura, S. & S. Kobayashi (1991) "R & D management in Japanese research institutes," *Research Policy*, 20 (6), 531-558.

Sako, M. & H. Sato (eds.) (1997) *Japanese Labour and Management in Transition: Diversity, Flexibility and Participation*. Routledge, London.

Schein, E. H. (1985) *Organizational Culture and Leadership*. Jossey-Bass, San Francisco. (清水紀彦・浜田幸雄訳『組織文化とリーダーシップ』ダイヤモンド社, 1989)

Schumpeter, J. A. (1926) *Theorie der Wirtshaftilichen Entwicklung*. 2Aufl. (塩野谷祐一・中山伊知郎・東畑精一訳『経済発展の理論:企業者利潤・資本・信用・利子および景気の回転に関する研究(上)』岩波書店, 1977)

芝浦工業大学『学校法人芝浦工業大学報』第358号, 2002年4月30日。

塩次喜代明・高橋伸夫・小林敏男 (1999)『経営管理』有斐閣。

Simon, H. A. (1947;1957;1976) *Administrative Behavior: A Study of Decision-making Processes in Administrative Organization*. Macmillan, New York, 3rd ed., Free Press, New York. (第3版の訳:松田武彦・高柳暁・二村敏子訳『経営行動(第三版)』ダイヤモンド社, 1989)

Sims, R. R. & R. F. Dennehy (eds.) (1993) *Diversity and Differences in Organizations : An Agenda for Answers and Questions*. Quorum Books, Westport, CT.
Singleton, Jr., R. A., B. C. Straits & M. M. Straits (1993) *Approaches to Social research*. Oxford University Press, New York.
Sternberg, R. J. (eds.) (1999) *Handbook of Creativity*. Cambridge University Press, Cambridge, UK.
Swamidass, P. M. & M. D. Aldridge (1996) "Ten Rules for Timely Task Completion in Cross-functional Teams," *Research-Technology Management*, 39 (4), 12-13.
高橋伸夫（1989a）『組織活性化の測定と実際』日本生産性本部。
高橋伸夫（1989b）「企業のぬるま湯的体質」『行動計量学』16(2), 1-12。
高橋伸夫（1992）『経営統計入門―SASによる組織分析―』東京大学出版会。
高橋伸夫（1993）「統計調査を用いた組織研究の方法―事後ヒアリング調査の有効性―」『社会科学紀要』43, 東京大学教養学部, 135-151。
高橋伸夫編著（1996）『未来傾斜原理―協調的な経営行動の進化―』白桃書房。
高橋伸夫編著（1997）『組織文化の経営学』中央経済社。
高津求・今村健一・大西裕明・森俊彦・足立原孝実・横山直樹（1990）「Bトランジスタを用いた集積回路」『信学技報』（電子情報通信学会 技術研究報告）90(18)。
竹内弘高・石倉洋子（1994）『異質のマネジメント―日本的同質経営を超えて―マネジャー431人現場からの提言―』ダイヤモンド社。
Taylor, F. W. (1911) *The Principles of Scientific Management*. Harper & Bros., New York, Reissued 1967 by W. W. Norton & Company, New York.（上野陽一訳『科学的管理法　新版』産業能率短期大学出版部, 1969）
Thomas, D. A. & R. J. Ely (1996) "Making Differences Matter: A New Paradigm for Managing Diversity," *Harvard Business Review*, September-October, 79-90.
Thomas, R. R. Jr. (1990) "From Affirmative Action to Affirming Diversity," *Harvard Business Review*, March-April, 107-117.
利根廣貞・杉浦聡・豊木則行・千葉隆（1996）「GS8600のハードウェア」『FUJITSU』47(2), 96-108。
Trompenaars, F. & C. Hampden-Turner (1993 : 1997) *Riding the Waves of Culture : Understanding Cultural Diversity in Business*. Nicholas Brealey Publishing, London.（第2版の訳：須貝栄訳『異文化の波―グローバル社

会:多様性の理解―』白桃書房, 2001)

津田眞澂(1990)『日本的情報化経営』プレジデント社。

Turner, M. E. (eds.) (2001) *Groups at Work : Theory and Research*. Lawrence Erlbaum Associates, London.

Tushman, M. L. (1977) "Special Boundary Roles in the Innovation Process," *Administrative Science Quarterly*, 22 (4), 587-605.

梅澤正(1983)「組織文化の視点から」『組織科学』17(3), 16-25。

Utterback, J. M. (1994) *Mastering the Dynamics of Innovation*. Harvard Business School Press, Boston, Mass. (大津正和・小川進監訳『イノベーション・ダイナミクス―事例から学ぶ技術戦略―』有斐閣, 1998)

Vernon, R. (1966) "International Investment and International Trade in the Product Cycle," *Quarterly Journal Trade in the Product*, 80 (2), 190-207.

Williams, K. Y. & C. A. O'Reilly (1998) "Demography and Diversity in Organizations," in Staw, B. M. & R. M. Sutton (eds.), *Research in Organizational Behavior*. 20, JAI Press, Stanford, CA, 77-140.

Wilson, J. Q. (1966) "Innovation in Organization : Notes Toward a Theory," in Thompson, J. D., *Organizational Design and Research*, University of Pittsburgh Press, Pittsburgh, Pa, 193-223.

Woodman, R. W., J. E. Sawyer & R. W. Griffin (1993) "Toward a Theory of Organizational Creativity," *Academy of Management Review*, 18 (2), 293-321.

山之内昭夫(1986)『企業変革の技術マネジメント』日本経済新聞社。

山之内昭夫(1992)『新・技術経営論』日本経済新聞社。

矢野正晴(1992)「組織の創造性と組織活性化」『組織科学』26(3), 56-69。

矢野正晴(1999)「チームの多様性と独創性」高橋伸夫編著『生存と多様性』白桃書房, 155-176。

矢野正晴(2001)「研究の創造性を生むチームの多様性」青木昌彦・澤昭裕・大東道雄・通産研究レビュー編集委員会編著『大学改革―課題と争点―』東洋経済新報社, 309-328。

吉原英樹・佐久間昭光・伊丹敬之・加護野忠男(1981)『日本企業の多角化戦略』日本経済新聞社。

Zenger, T. R. & B. S. Lawrence (1989) " Organizational Demography : The Differential Effects of Age and Tenure Distributions on Technical Communication," *Academy of Management Journal*, 32 (2), 353-376.

付録

✛—✛—✛—✛—✛—✛—✛—✛

研究所のアンケート票と単純集計結果

(1,022名，188チーム)

I．あなたのこれまでの歩みと現在の状況についておたずねします。選択肢のあるものは該当する番号に○をつけ，記入欄のあるものはご記入ください。

1．あなたが主として属するプロジェクトチーム名，およびあなたの所属，氏名等を記入してください。チームに属さずに通常1人で仕事をしている方はチーム名欄に「1人」と記入し，以下のチームに関する質問には1人だけのチームと考えご回答ください。

チーム名			
所属			
ふりがな 氏名		従業員番号	

2．あなたが，このプロジェクトチームに属している期間は，次のうちどれにあたりますか。チームに属さずに通常1人で仕事をしている方は，そういう形態になってからの期間をお答えください。

 1．1年未満 2．1年以上2年未満 3．2年以上3年未満
 4．3年以上4年未満 5．4年以上

選択肢	人数	%	累積人数	累積%
1	285	28.9	285	28.9
2	211	21.4	496	50.3
3	160	16.2	656	66.5
4	101	10.2	757	76.7
5	230	23.3	987	100.0

未回答人数＝35

個人平均2.78
チーム平均2.84

3．あなたが従事している専門分野をすべて・作業状況からみて主要なものから順に記入してください。（たとえば１つだけの専門分野に携わっていれば，１つだけの記入で結構です）

また，それらの分野は，あなたの最終学歴における専攻分野とどの程度一致していますか。

さらに，各分野が，あなたがこのチームに属した時に初めて経験したものか，それとも，以前にも経験したものかどうかについてもお答えください。

専門分野名		最終学歴における専攻分野との一致度					このチームで初めて経験		未回答	個人平均 チーム平均
上段：人数 下段：％		①完全に一致している	②ほぼ一致している	③どちらとも言えない	④やや異なっている	⑤全く異なっている	⑥そのとおり	⑦以前にも経験		
① 個人平均3.71 チーム平均3.63	未回答 20	73 7.3	181 18.1	131 13.1	191 19.1	426 42.5	454 49.7	459 50.3	109	6.50 6.51
② 個人平均3.71 チーム平均3.68	未回答 416	30 5.0	122 20.1	98 16.2	99 16.3	257 42.4	279 50.0	279 50.0	464	6.50 6.51
③ 個人平均3.67 チーム平均3.62	未回答 688	25 7.5	61 18.3	51 15.3	58 17.4	139 41.6	151 48.6	160 51.4	711	6.51 6.53
④ 個人平均3.62 チーム平均3.53	未回答 876	11 7.5	26 17.8	27 18.5	25 17.1	57 39.0	57 42.5	77 57.5	888	6.57 6.58
⑤ 個人平均3.98 チーム平均3.88	未回答 969	3 5.7	6 11.3	6 11.3	12 22.6	26 49.1	21 42.9	28 57.1	9	6.57 6.54
⑥ 個人平均4.16 チーム平均4.27	未回答1003	1 5.3	1 5.3	2 10.5	5 26.3	10 52.6	11 61.1	7 38.9	10	6.39 6.33
⑦ 個人平均4.36 チーム平均4.43	未回答1011	0	0	2 18.2	3 27.3	6 54.5	5 62.5	3 37.5	1014	6.38 6.33
計 個人平均3.71 チーム平均3.68	未回答4983	143 6.6	397 18.3	317 14.6	393 18.1	921 42.4	978 49.1	1013 50.9	5163	6.51 6.48

合計数

回答	人数	％	累積人数	累積％
1	406	40.0	406	40.0
2	276	27.2	682	67.3
3	187	18.4	869	85.7
4	91	9.0	960	94.7
5	33	3.3	993	97.9
6	11	1.1	1004	99.0
7	10	1.0	1014	100.0

未回答8

個人平均2.15
チーム平均2.23

4．A社の研究所またはA社に入社後で，このチームに属する直前における最も主要な専門分野を記入してください。専門分野はプロジェクトレベルでお考えください。

その前とさらにその前についても同様にお願いします。

	専　門　分　野	
直前	記入あり853名	記入なし169名
その前	記入あり559名	記入なし463名
さらに前	記入あり368名	記入なし654名

5．(1) あなたは，入社以前に留学以外の目的で海外に在住した経験がありますか。

　　　1．ある　　　　　2．ない　　　　　　　　　個人平均1.97
　　　28名（2.7%）　　993名（97.3%）　未回答1　チーム平均1.98

(2) ①であると答えた方は，期間，地域についてもお教えください。複数回ある場合は期間については通算し，地域は複数回答をお願いします。

〔期間〕　1．1年　2．2年　3．3年　4．4年　5．5年以上
　　　　（6か月以下切り捨て。7か月以上切り上げ）

選択肢	人数	%	累積人数	累積%	
1	11	40.7	11	40.7	
2	5	18.5	16	59.3	
3	4	14.8	20	74.1	
4	1	3.7	21	77.8	
5	6	22.2	27	100.0	個人平均2.48
未回答995					チーム平均2.43

〔地域〕　1．アメリカ，カナダ　　2．西欧　　　　　3．東欧
　　　　　　12名（1.2%）　　　　10名（1.0%）　　0名
　　　　4．アジア　　　　　　　　5．その他
　　　　　　6名（0.6%）　　　　　4名（0.4%）

6．(1) あなたは，海外の大学，研究機関に留学したことがありますか。
　　　１．ある　　　　２．ない　　　　　　　　　　個人平均1.95
　　　　54名（5.3%）　　966名（94.7%）　未回答2　チーム平均1.94

(2) ①であると答えた方は，期間，地域についてもお教えください。複数回ある場合は期間については通算し，地域は複数回答をお願いします。

〔期間〕　１．１年　　２．２年　　３．３年　　４．４年　　５．５年以上
　　　　（６か月以下切り捨て。７か月以上切り上げ）

選択肢	人数	%	累積人数	累積%
1	39	73.6	39	73.6
2	10	18.9	49	92.5
3	2	3.8	51	96.2
5	2	3.8	53	100.0

未回答969

個人平均1.42
チーム平均1.29

〔地域〕　１．アメリカ，カナダ　　２．西欧　　　　　３．東欧
　　　　　45名（4.4%）　　　　　　8名（0.8%）　　　0名
　　　　４．アジア　　　　　　　　５．その他
　　　　　1名（0.1%）　　　　　　　0名

7．あなたが従事しているプロジェクトは，主として属するものを含めていくつありますか。（小項目単位でお考えください。）

プロジェクト数 □ つ。

回答	人数	%	累積人数	累積%
1	731	71.5	731	71.5
2	175	17.1	906	88.6
3	65	6.4	971	95.0
4	27	2.6	998	97.6
5	11	1.1	1009	98.7
6	6	0.6	1015	99.3
7	4	0.4	1019	99.7
8	2	0.2	1021	99.9
9	1	0.1	1022	100.0

個人平均1.50
チーム平均1.54

8. 最近の平均的な1か月のあなたの全作業時間の中で，通常次の各業務がどの程度の比率を占めていますか．5あるいは10%単位で記入してください．
(1) 教育（受講，講師の双方を含む．また，所属での勉強会等も含む）　　　　　　　　　　　　　　　　　　　　　　　%

回答	人数	%	累積人数	累積%	
0	364	35.6	364	35.6	
1～5	393	38.5	757	74.1	
6～10	183	17.9	940	92.0	
10～15	18	1.8	958	93.7	
16～20	43	4.2	1001	97.9	
21～25	1	0.1	1002	98.0	
26～30	9	0.9	1011	98.9	
31～35	1	0.1	1012	99.0	
36～40	5	0.5	1017	99.5	
41～45	0	0.0	1017	99.5	
46～50	2	0.2	1019	99.7	個人平均5.57
51～100	3	0.3	1022	100.0	チーム平均5.84

(2) 教育以外の技術的な仕事

これを次のように分類します．

a．あなた自身の仕事　　　　　　　　　　　　　　　　　　　　　　　　%

回答	人数	%	累積人数	累積%	
0	19	1.9	19	1.9	
1～10	89	8.7	108	10.6	
11～20	74	7.2	182	17.8	
21～30	96	9.4	278	27.2	
31～40	99	9.7	377	36.9	
41～50	149	14.6	526	51.5	
51～60	130	12.7	656	64.2	
61～70	126	12.3	782	76.5	
71～80	120	11.7	902	88.3	
81～90	80	7.8	982	96.1	個人平均51.60
91～100	40	3.9	1022	100.0	チーム平均48.35

b．他人の技術的仕事の監督 ──────────── □□ %

回答	人数	%	累積人数	累積%
0	468	45.8	468	45.8
1～5	110	10.8	578	56.6
6～10	159	15.6	737	72.1
10～15	38	3.7	775	75.8
16～20	118	11.5	893	87.4
21～25	29	2.8	922	90.2
26～30	60	5.9	982	96.1
31～35	2	0.2	984	96.3
36～40	25	2.4	1009	98.7
41～45	1	0.1	1010	98.8
46～50	5	0.5	1015	99.3
51～100	7	0.7	1022	100.0

個人平均9.20
チーム平均9.57

c．同僚あるいは他部門への協力 ──────────── □□ %

回答	人数	%	累積人数	累積%
0	231	22.6	231	22.6
1～5	229	22.4	460	45.0
6～10	310	30.3	770	75.3
10～15	55	5.4	825	80.7
16～20	96	9.4	921	90.1
21～25	17	1.7	938	91.8
26～30	38	3.7	976	95.5
31～35	8	0.8	984	96.3
36～40	17	1.7	1001	97.9
41～45	4	0.4	1005	98.3
46～50	12	1.2	1017	99.5
51～100	5	0.5	1022	100.0

個人平均10.41
チーム平均 9.91

(3) 管理的もしくは非技術的な仕事

a．上層部とのコミュニケーション ──────────── □□ %

回答	人数	%	累積人数	累積%
0	273	26.7	273	26.7
1～5	356	34.8	629	61.5
6～10	262	25.6	891	87.2
10～15	39	3.8	930	91.0
16～20	71	6.9	1001	97.9
21～25	2	0.2	1003	98.1
26～30	16	1.6	1019	99.7
31～35	1	0.1	1020	99.8
36～40	2	0.2	1022	100.0
41～100	0			

個人平均6.83
チーム平均7.77

b．それ以外の内部管理等（部会等を含む）　　　　　　　　　□．□ ％

回答	人数	％	累積人数	累積％
0	300	29.4	300	29.4
1～5	326	31.9	626	61.3
6～10	243	23.8	869	85.0
10～15	47	4.6	916	89.6
16～20	62	6.1	978	95.7
21～25	13	1.3	991	97.0
26～30	22	2.2	1013	99.1
31～35	0	0.0	1013	99.1
36～40	5	0.5	1018	99.6
41～45	1	0.1	1019	99.7
46～50	1	0.1	1020	99.8
51～100	2	0.2	1022	100.0

個人平均7.18
チーム平均8.38

c．外部団体，研究依頼者とのコミュニケーション　　　　　　□．□ ％

回答	人数	％	累積人数	累積％
0	519	50.8	519	50.8
1～5	287	28.1	806	78.9
6～10	144	14.1	950	93.0
10～15	16	1.6	966	94.5
16～20	29	2.8	995	97.4
21～25	5	0.5	1000	97.8
26～30	15	1.5	1015	99.3
31～35	1	0.1	1016	99.4
36～40	3	0.3	1019	99.7
41～45	0	0.0	1019	99.7
46～50	3	0.3	1022	100.0
51～100	0			

個人平均4.42
チーム平均5.65

(4) その他（移動など）　　　　　　　　　　　　　　　　　　□．□ ％
　　　　　　　　　　　　　　　　　　　　　　　　　　　　　１ ０ ０ ％

回答	人数	％	累積人数	累積％
0	456	44.7	456	44.7
1～5	382	37.4	838	82.1
6～10	138	13.5	976	95.6
10～15	21	2.1	997	97.6
16～20	15	1.5	1012	99.1
21～25	3	0.3	1015	99.4
26～30	5	0.5	1020	99.9
31～35	1	0.1	1021	100.0
36～100	0			

未回答1

個人平均4.09
チーム平均4.34

II. あなたの教育受講やコミュニケーションなどについておたずねします。

9. 最近1年間に、あなたはあなたの部以外の人が集まる社内教育の場に、どの程度参加しましたか。(中堅社員教育，技術教育，統括部内教育等)

	参加せず 1	3日以下 2	4〜6日 3	7〜10日 4	11〜30日 5	31日以上 6		
人数	306	328	176	128	57	24	未回答3	個人平均2.39
%	30.0	32.2	17.3	12.6	5.6	2.4		チーム平均2.45

10. 最近1年間に、あなたは社外の人が集まる教育や学会にどの程度参加しましたか。

	参加せず 1	3日以下 2	4〜6日 3	7〜10日 4	11〜30日 5	31日以上 6		
人数	272	258	215	159	105	9	未回答4	個人平均2.60
%	26.7	25.3	21.1	15.6	10.3	0.9		チーム平均2.75

11. あなたが個人で所属している学会は次のうちどれですか。該当するものすべてに○をつけて、所属学会の合計数も記入願います。

〔国内〕　　　　　　　　　人数
1. 電子情報通信学会　345　(33.8%)
2. 情報処理学会　　　184　(18.0%)
3. 応用物理学会　　　208　(20.4%)
4. 人工知能学会　　　 39　(3.8%)
5. 電気化学協会　　　 0
6. ソフトウェア科学会 26　(2.5%)
7. 日本化学会　　　　 19　(1.9%)
8. 日本物理学会　　　 47　(4.6%)
9. 日本機械学会　　　 10　(1.0%)
10. その他の国内学会　221　(21.6%)

〔海外〕　　　　　　　　人数
11. IEEE　　　　　　77　(7.5%)
12. AIP　　　　　　　 2　(0.2%)
13. IFIP　　　　　　　0
14. ACM　　　　　　 14　(1.4%)
15. その他の海外学会 41　(4.1%)

```
                        ┄┄┄┄┄┄┄┄┄┄ 合計数  ┌────┐
                        ┊                  └────┘
                        ┊         (国内＋国外)
                        ▼
    回答    人数      %      累積人数    累積%
   ─────────────────────────────────────────
     0     254     24.9      254      24.9
     1     409     40.0      663      64.9
     2     214     20.9      877      85.8
     3      94      9.2      971      95.0
     4      35      3.4     1006      98.4
     5       6      0.6     1012      99.0
     6       6      0.6     1018      99.6
     7       2      0.2     1020      99.8
     8       1      0.1     1021      99.9      個人平均1.33
     9       1      0.1     1022     100.0     チーム平均1.71
```

12．あなたは，最近3年間にどの程度海外出張をしましたか。

　1．ゼロ　　2．1回　　3．2回　　4．3回　　5．4回以上

```
   選択肢    人数      %      累積人数    累積%
   ─────────────────────────────────────────
     1     691     67.7      691      67.7
     2     196     19.2      887      87.0
     3      68      6.7      955      93.6
     4      32      3.1      987      96.8      個人平均1.55
     5      33      3.2     1020     100.0     チーム平均1.63
   未回答 2
```

13. あなたは，仕事の上で次の人々とそれぞれどの程度直接会って話をする機会がありますか．

		①ほとんどない	②年に数回以下	③毎月	④毎週	⑤週に2～3以上回	未回答	個人平均 チーム平均
(1) チーム内の人	人数 %	7 0.7	3 0.3	23 2.3	96 9.4	887 87.3	6	4.82 4.81
(2) 同じ部内の 　　チーム外の人	人数 %	54 5.3	80 7.9	170 16.7	282 27.8	430 42.3	6	3.94 4.00
(3) ①②以外の 　　研究部門の人	人数 %	201 20.0	268 26.7	273 27.2	174 17.3	88 8.8	18	2.68 2.84
(4) 技術部門の人	人数 %	274 27.0	260 25.6	300 29.5	133 13.1	49 4.8	6	2.43 2.50
(5) 製造部門の人	人数 %	627 62.1	243 24.1	118 11.7	17 1.7	4 0.4	13	1.54 1.61
(6) 営業部門の人	人数 %	790 78.3	159 15.8	51 5.1	8 0.8	1 0.1	13	1.29 1.32
(7) 社外の人	人数 %	255 25.4	347 34.6	297 29.6	79 7.9	24 2.4	20	2.27 2.36

14. あなたは，仕事の上で次の人々とそれぞれどの程度直接会って話をする以外の接触をしていますか．（電話，ファックス，電子メール，TV 会議等）

		①ほとんどない	②年に数回以下	③毎月	④毎週	⑤週に2～3以上回	未回答	個人平均 チーム平均
(1) チーム内の人	人数 %	164 16.2	29 2.9	70 6.9	173 17.1	576 56.9	10	3.96 3.90
(2) 同じ部内の 　　チーム外の人	人数 %	216 21.3	97 9.6	154 15.2	207 20.4	339 33.5	9	3.35 3.40
(3) ①②以外の 　　研究部門の人	人数 %	294 29.3	220 21.9	248 24.7	135 13.4	108 107	17	2.55 2.63
(4) 技術部門の人	人数 %	327 32.4	212 21.0	223 22.1	148 14.7	100 9.9	12	2.49 2.49
(5) 製造部門の人	人数 %	670 66.6	190 18.9	95 9.4	34 3.4	17 1.7	16	1.55 1.64
(6) 営業部門の人	人数 %	792 78.6	146 14.5	45 4.5	18 1.8	6 0.6	15	1.31 1.34
(7) 社外の人	人数 %	283 28.1	236 23.4	252 25.0	130 12.9	106 10.5	15	2.54 2.69

15. 最近1週間で，あなたは仕事の上でチーム内外を含め，何人くらいの人とコミュニケーションのやりとりをしましたか．
 (直接話をする，電話，ファックス，電子メール，会議，TV会議等すべて含む)

	ゼロ	1〜3人	4〜9人	10〜19人	20人以上		
	1	2	3	4	5		
人数	8	78	362	313	258	未回答3	個人平均3.72
%	0.8	7.7	35.5	30.7	25.3		チーム平均3.79

16. あなたは，次の各情報技術をどの程度利用していますか．

		①ほとんどない	②年に数回以下	③毎月	④毎週	⑤週に2〜3以上回	未回答	個人平均 チーム平均
(1) インターネット	人数	119	40	81	98	681	3	4.16
	%	11.7	3.9	7.9	9.6	66.8		4.13
(2) パソコン通信	人数	145	71	140	164	494	8	3.78
	%	14.3	7.0	13.8	16.2	48.7		3.95
(3) グループウェア	人数	678	57	49	56	146	36	1.92
	%	68.8	5.8	5.0	5.7	14.8		1.91
(4) データベース	人数	401	282	174	63	74	28	2.12
	%	40.3	28.4	17.5	6.3	7.4		2.16
(5) その他1 ( )	人数	42	1	12	7	17	943	2.44
	%	53.2	1.3	15.2	8.9	21.5		2.53
(6) その他2 ( )	人数	41	1	7	2	5	966	1.73
	%	73.2	1.8	12.5	3.6	8.9		1.79

かっこ内には，その他のものがあれば記入してください．

III. あなたが仕事を進める上でのアプローチ方法などについておたずねします。

17. あなたは，他の人と議論をすることが好きですか。

	全くそのとおり	どちらかと言えば好き	どちらとも言えない	どちらかと言えば嫌い	全く嫌い		
	1	2	3	4	5		
人数	127	388	382	111	13	未回答1	個人平均2.51
%	12.4	38.0	37.4	10.9	1.3		チーム平均2.46

18. 仕事に限らず，あなたの性格についておたずねします。あなたは，他人と同じことをするのが好きですか。

	全くそのとおり	どちらかと言えば好き	どちらとも言えない	どちらかと言えば嫌い	全く嫌い		
	1	2	3	4	5		
人数	4	55	307	544	111	未回答1	個人平均3.69
%	0.4	5.4	30.1	53.3	10.9		チーム平均3.70

19. あなたは，自分自身が一筋縄では引き下がらないような主体性があると思いますか。それとも協調性を大事にする方だと思いますか。

	ほとんど主体性	どちらかと言えば主体性	どちらとも言えない	どちらかと言えば協調性	ほとんど協調性		
	1	2	3	4	5		
人数	39	228	319	391	42	未回答3	個人平均3.17
%	3.8	22.4	31.3	38.4	4.1		チーム平均3.15

20. あなたは，自分自身，芯が強く負け嫌いだと思いますか。

	全くそのとおり	どちらかと言えばそうだ	どちらとも言えない	どちらかと言えば違う	全く違う		
	1	2	3	4	5		
人数	94	483	296	115	33	未回答1	個人平均2.52
%	9.2	47.3	29.0	11.3	3.2		チーム平均2.52

21. 研究や技術的課題に取り組む際の考え方や進め方（どこから始めるか，方法，順序等）について，あなたはチームのメンバーとどの程度類似していると感じますか。（類似しているメンバーの多寡もあわせて総合的に判断願います。）

	ほとんど完全に類似	比較的類似	どちらとも言えない	比較的異なる	ほとんど完全に異なる		
	1	2	3	4	5		
人数	10	273	363	322	52	未回答2	個人平均3.13
%	1.0	26.8	35.6	31.6	5.1		チーム平均3.15

22. あなたは，「技術への貢献」と「経営への貢献」とでは，どちらをより志向していると思いますか。

	ほとんど技術	どちらかと言えば技術	どちらとも言えない	どちらかと言えば経営	ほとんど経営		
	1	2	3	4	5		
人数	241	464	206	97	12	未回答2	個人平均2.19
%	23.6	45.5	20.2	9.5	1.2		チーム平均2.23

Ⅳ. あなたのチームの状態などについておたずねします。

23. あなたのチームには，研究開発の内容の面で中心になり他のメンバーを巻き込んでいけるような人がいますか。（ご自身も含めてお考えください）

	1．いる	2．いない		
人数	803	210	未回答9	個人平均1.21
%	79.3	20.7		チーム平均1.21

24. あなたは（メンバー用の質問では，「あなたのチームのリーダーは」），専門分野での独創性とマネジメント能力を比較した場合，次のうちどのタイプだと思いますか。

1．専門分野で独創性があるなど，研究開発内容面の方がより優れている
2．マネジメント能力の方がより優れている
3．上記の双方が同程度に優れている

選択肢	人数	%	累積人数	累積%	
1	445	44.6	445	44.6	
2	208	20.8	653	65.4	個人平均1.90
3	345	34.6	998	100.0	チーム平均1.82
未回答24					

注）数名が「双方とも優れていない」と記入したが，選択肢3に含めた。

付録　171

Ⅴ．25．A社の研究所の中で，あなたが，独創性があると思うチーム・個人をあげてください。「あのチームはすごい。活発にやっていて，新しいアイディアや成果をどんどん出しているようだ」などの印象でお答えいただけば結構です。

　　チームは3つ以内とし，最も独創性があると思うものから順に記入願います。個人は1名だけお願いします。あげていただく個人が，あげていただくチームの中にいても構いません。

　注1）チーム・個人が特定できるよう，できるだけ詳細な情報の記載をお願いします。
　　2）ただし，所属やリーダー名などを正確に思い出せない場合は，分かる範囲の記入でも結構です。
　　3）チームは現在あるものの中からあげてください。すでに解散した過去のチームしか該当がないと思う場合は，それをあげていただいても結構ですが，その場合も4年以上前に解散したものは対象外とします。すでに解散したチームの場合は□の中にチェック「レ」をしてください。
　　4）テーマなどが秘密になっているものを書いていただいても，この調査の目的以外には使用しませんので，ご安心ください。

(1)　チーム

	所　属	チームリーダー名	テーマ（なるべく，小項目単位でお願いします）
1			□
	理由（どんな点か）		
2			□
	理由（どんな点か）		
3			□
	理由（どんな点か）		

(2)　個人

所　属	個人名	その個人が属するチーム名とリーダー名
理由（どんな点か）		

VI. あなたのプロジェクトチームの履歴などについておたずねします。

26. あなたのプロジェクトチームの現時点までの存続年数は，次のうちどれにあたりますか。
    1. 1年未満　　　2. 1年以上2年未満　　　3. 2年以上3年未満
    4. 3年以上4年未満　　5. 4年以上

選択肢	チーム数	%	累積チーム数	累積%	
1	37	20.0	37	20.0	
2	42	22.7	79	42.7	
3	22	11.9	101	54.6	
4	20	10.8	121	65.4	
5	64	34.6	185	100.0	平均3.17

未回答 3

27. あなたのチームの専門分野は，ここ5年以内にできた新しい分野（例：人工生命）ですか，それとも，それ以前からある分野ですか。
    1. 5年以内の新しい分野　　　2. それ以前からある分野

選択肢	チーム数	%	累積チーム数	累積%	
1	57	30.8	57	30.8	
2	128	69.2	185	100.0	平均1.69

未回答 3

28. 研究開発活動を探索段階と開発段階に大きく二分した場合，あなたのチームの専門分野は，このうちどちらにあたりますか。
    1. 探索段階（先行研究）　　　2. 開発段階（実用化研究）

選択肢	チーム数	%	累積チーム数	累積%	
1	45	24.3	45	24.3	
2	140	75.7	185	100.0	平均1.76

未回答 3

付録　173

Ⅶ. チーム外との連携などについておたずねします。
なお，チームが3年以上にわたって存続している場合は，最近3年間についてお考えください。

29. あなたのプロジェクトチームは<u>A社グループ外の企業</u>と提携したり，共同研究をするなどをしたことがありますか（通常の取引先以外への委託を含む）。ある場合は，相手先が国内の企業か国外の企業かについてもお教えください。

　　1．ある
　　　　① 国内　　　　② 海外
　　2．ない

```
選択肢    チーム数    %     累積チーム数   累積%
-------------------------------------------------
  1        61       34.3      61         34.3
  2       117       65.7     178        100.0        平均1.66
未回答10
```

ある場合の相手

```
選択肢       チーム数    %     累積チーム数   累積%
----------------------------------------------------
 1 (国内)      47      73.4       47        73.4
 2 (海外)      11      17.2       58        90.6
 3 (両方)       6       9.4       64       100.0       平均1.36
未回答124
```

30. あなたのチームは，A社およびA社の研究所以外の<u>A社グループ内の企業</u>と提携（通常の取引先以外への委託を含む）したり，共同研究をするなどしたことがありますか。ある場合は，相手先が国内の企業か国外の企業かについてもお教えください。

　　1．ある
　　　　① 国内　　　　② 海外
　　2．ない

```
選択肢    チーム数    %     累積チーム数   累積%
-------------------------------------------------
  1        94       52.8      94         52.8
  2        84       47.2     178        100.0        平均1.47
未回答10
```

ある場合の相手

```
選択肢       チーム数    %     累積チーム数   累積%
----------------------------------------------------
 1 (国内)      78      85.7       78        85.7
 2 (海外)       4       4.4       82        90.1
 3 (両方)       9       9.9       91       100.0       平均1.24
未回答97
```

31. あなたのチームは，大学の研究者と提携したり，共同研究などをしたことがありますか。ある場合は，相手の方が所属する大学が国内か海外かについてもお教えください。
   1．ある
      ①　国内　　　　②　海外
   2．ない

選択肢	チーム数	%	累積チーム数	累積%	
1	91	50.8	91	50.8	
2	88	49.2	179	100.0	平均1.49

未回答9

ある場合の相手

選択肢	チーム数	%	累積チーム数	累積%	
1（国内）	64	67.4	64	67.4	
2（海外）	11	11.6	75	78.9	
3（両方）	20	21.1	95	100.0	平均1.54

未回答92

32. あなたのチームは，国や地方自治体と提携したり，共同研究などをしたことがありますか。
   1．ある　　　　2．ない

選択肢	チーム数	%	累積チーム数	累積%	
1	29	15.9	29	15.9	
2	153	84.1	182	100.0	平均1.84

未回答6

33. あなたのチームは，上記以外の個人と提携したり，共同研究などをしたことがありますか。
   1．ある　　　　2．ない

選択肢	チーム数	%	累積チーム数	累積%	
1	8	4.4	8	4.4	
2	173	95.6	181	100.0	平均1.96

未回答7

34. あなたのチームは，A社の研究所またはA社内の組織であなたのチームが属する部門（統括部レベルの研究所）以外の部門と共同研究をするなど，連携したことがありますか。
　　ある場合は部門名もお教えください。（主要なものを，最も主要なものから順に3つ以内）
　　1．ある
　　　部門名 |　　　　　|　　　　　|　　　　　|
　　2．ない

選択肢	チーム数	％	累積チーム数	累積％
1	112	67.5	112	67.5
2	54	32.5	166	100.0

平均1.33
未回答22

35. あなたのチームは，その属する部門（統括部レベルの研究所）内の他の部署と共同研究をするなど，連携したことがありますか。
　　1．ある　　　2．ない

選択肢	チーム数	％	累積チーム数	累積％
1	81	44.5	81	44.5
2	101	55.5	182	100.0

平均1.55
未回答6

36. あなたのチームは，A社の研究所またはA社内の，研究者・技術者以外の部門や人（例：営業）と共同研究をするなど，連携したことがありますか。
　　1．ある　　　2．ない

選択肢	チーム数	％	累積チーム数	累積％
1	37	20.3	37	20.3
2	145	79.7	182	100.0

平均1.80
未回答6

VIII. チームのマネジメントに関連しておたずねします。

上段：チーム数 下段：％	①全くそのとおり	②どちらかと言えばそうだ	③どちらとも言えない	④どちらかと言えば違う	⑤全く違う	未回答・平均
37. あなたは，チームメンバーがかつて経験したことのない分野に挑戦することを奨励していますか。	62 33.5	94 50.8	22 11.9	7 3.8	0 0	3 1.86
38. あなたは，チームメンバーが情報を積極的に取り込むことを支援していますか。	88 47.6	76 41.1	20 10.8	1 0.5	0 0	3 1.64
39. あなたは，チームメンバーが議論をすることを奨励していますか。	85 45.9	79 42.7	19 10.3	2 1.1	0 0	3 1.66
40. あなたはチーム内の（考え方，国籍などの）異質なメンバーを尊重していますか。	57 30.8	80 43.2	44 23.8	4 2.2	0 0	3 1.97
41. あなたは，今までのやり方を変えることに抵抗を感じる方ですか。	1 0.5	24 13.0	56 30.4	77 41.8	26 14.1	4 3.56
42. あなたはチームの研究開発テーマを決めるにあたってメンバーが意見を述べることを認めていますか。	106 57.6	65 35.3	11 6.0	2 1.1	0 0	4 1.51
43. あなたのチームは，活性化している（メンバーがチームと共有している目的・価値を，能動的に実現していこうとする状態）と思いますか。	42 22.7	96 51.9	36 19.5	9 4.9	2 1.1	3 2.10

IX. あなたの属する部門（統括部レベルの研究所）の組織風土に関連して，あなたが持たれている感じなどについておたずねします。

上段：チーム数 下段：％	①全くそのとおり	②どちらかと言えばそうだ	③どちらかと言えば違う	④全く違う	未回答・平均
44. リスクがあっても新しいことに積極的に取り組んでいこうというチャレンジ精神のある人が多くいると感じますか。	7 3.8	94 50.8	76 41.1	8 4.3	3 2.46
45. 新しいことへの積極的なチャレンジであれば，失敗を許容するような組織風土（雰囲気）があると感じますか。	9 4.9	111 60.3	57 31.0	7 3.8	4 2.34
46. 部門内での過去の成功体験が広く伝承され，尊重されていると思いますか。	3 1.6	71 38.6	97 52.7	13 7.1	4 2.65
47. 職務遂行にあたっては，直観よりも情報の収集・分析に基づいた合理的な行動が重視されますか。	18 9.7	113 61.1	52 28.1	2 1.1	3 2.21
48. 新規の研究・開発は上からの指示によって始めることの方が，下から自発的に始めることよりも多いと思いますか。	25 13.6	101 54.9	48 26.1	10 5.4	4 2.23

X. あなたのチームの研究開発成果についておたずねします。各質問につき，それぞれ数字等を記入してください。いずれも最近3年間のものに限ってお答え願います。

なお，ここでいう学会誌には論文誌を含みますが，業界誌や新聞は含みません。

	個　数　(a)	(a)のうち2人以上共同のもの数	(a)のうち外国での発表・出願等の数
49. 学会誌掲載論文			

個数(a)	チーム数	%	累積チーム数	累積%	
0	72	42.1	72	42.1	
1	32	18.7	104	60.8	
2	17	9.9	121	70.8	
3	14	8.2	135	78.9	
4	7	4.1	142	83.0	
5	7	4.1	149	87.1	
6〜10	16	9.4	165	96.5	
11〜20	5	3.0	170	99.4	
21〜30	1	0.6	171	100.0	平均2.32

未回答17

内共著	チーム数	%	累積チーム数	累積%	
0	49	36.0	49	36.0	
1	28	20.6	77	56.6	
2	14	10.3	91	66.9	
3	11	8.1	102	75.0	
4	7	5.1	109	80.1	
5	6	4.4	115	84.6	
6〜10	17	12.5	132	97.1	
11〜20	3	2.2	135	99.3	
21〜30	1	0.7	136	100.0	平均2.60

未回答52

外国で	チーム数	%	累積チーム数	累積%	
0	66	52.8	66	52.8	
1	20	16.0	86	68.8	
2	11	8.8	97	77.6	
3	9	7.2	106	84.8	
4	6	4.8	112	89.6	
5	3	2.4	115	92.0	
6〜10	7	5.6	122	97.6	
11〜20	3	2.4	125	100.0	平均1.66

未回答63

	個　数　(a)	(a)のうち2人以上共同のもの数	(a)のうち外国での発表・出願等の数
50. 学会発表（口頭）			

個数(a)	チーム数	%	累積チーム数	累積%	
0	35	19.8	35	19.8	
1～5	70	39.5	105	59.3	
6～10	37	20.9	142	80.2	
11～15	13	7.3	155	87.6	
16～20	8	4.5	163	92.1	
21～25	4	2.3	167	94.4	
26～30	5	2.8	172	97.2	
31～35	2	1.1	174	98.3	
36～40	1	0.6	175	98.9	
41～50	1	0.6	176	99.4	
63	1	0.6	177	100.0	平均7.18
未回答11					

内共同	チーム数	%	累積チーム数	累積%	
0	25	16.1	25	16.1	
1～5	65	41.9	90	58.1	
6～10	35	22.6	125	80.6	
11～15	11	7.1	136	87.7	
16～20	8	5.2	144	92.9	
21～25	4	2.6	148	95.5	
26～30	4	2.6	152	98.1	
31～35	1	0.6	153	98.7	
50	1	0.6	154	99.4	
62	1	0.6	155	100.0	平均7.17
未回答33					

外国で	チーム数	%	累積チーム数	累積%	
0	41	28.1	41	28.1	
1	37	25.3	78	53.4	
2	18	12.3	96	65.8	
3	14	9.6	110	75.3	
4	11	7.5	121	82.9	
5	15	10.3	136	93.2	
6～10	6	4.1	142	97.3	
11～20	4	2.7	146	100.0	平均2.38
未回答42					

	個　数　(a)	(a)のうち2人以上共同のもの数	(a)のうち外国での発表・出願等の数
51. 本の出版			

個数(a)	チーム数	%	累積チーム数	累積%	
0	142	85.5	142	85.5	
1	19	11.4	161	97.0	
2	2	1.2	163	98.2	
3	3	1.8	166	100.0	平均0.19
未回答22					

内共著	チーム数	%	累積チーム数	累積%	
0	100	83.3	100	83.3	
1	15	12.5	115	95.8	
2	3	2.5	118	98.3	
3	2	1.7	120	100.0	平均0.23
未回答68					

外国で	チーム数	%	累積チーム数	累積%	
0	112	95.7	112	95.7	
1	4	3.4	116	99.1	
3	1	0.9	117	100.0	平均0.06
未回答71					

	個　数　(a)	(a)のうち2人以上共同のもの数	(a)のうち外国での発表・出願等の数
52. 特許の出願			

個数(a)	チーム数	%	累積チーム数	累積%	
0	10	5.7	10	5.7	
1〜5	39	22.3	49	28.0	
6〜10	43	24.6	92	52.6	
11〜15	21	12.0	113	64.6	
16〜20	21	12.0	134	76.6	
21〜25	10	5.7	144	82.3	
26〜30	12	6.9	156	89.1	
31〜35	2	1.1	158	90.3	
36〜40	4	2.3	162	92.6	
41〜45	1	0.6	163	93.1	
46〜50	4	2.3	167	95.4	
51〜100	7	4.0	174	99.4	
120	1	0.6	175	100.0	平均16.21
未回答13					

内共同	チーム数	%	累積チーム数	累積%	
0	13	8.8	13	8.8	
1〜5	39	26.4	52	35.1	
6〜10	38	25.7	90	60.8	
11〜15	12	8.1	102	68.9	
16〜20	13	8.8	115	77.7	
21〜25	11	7.4	126	85.1	
26〜30	8	5.4	134	90.5	
31〜35	0	0.0	134	90.5	
36〜40	4	2.7	138	93.2	
41〜45	2	1.4	140	94.6	
46〜50	1	0.7	141	95.3	
51〜100	7	4.7	148	100.0	平均14.19
未回答40					

外国で	チーム数	%	累積チーム数	累積%	
0	25	18.7	25	18.7	
1	19	14.2	44	32.8	
2	17	12.7	61	45.5	
3	17	12.7	78	58.2	
4	8	6.0	86	64.2	
5	18	13.4	104	77.6	
6〜10	18	13.4	122	91.0	
11〜20	8	6.0	130	97.0	
21〜30	2	1.5	132	98.5	
31〜40	2	1.5	134	100.0	平均4.59
未回答 54					

	回　数	内2人以上共同のものの数	表彰名	テーマ
53. 中央表彰または研究所社長賞				

回数	チーム数	%	累積チーム数	累積%	
0	132	71.4	132	71.4	
1	39	21.1	171	92.4	
2	10	5.4	181	97.8	
3	4	2.2	185	100.0	平均0.38
未回答3					

内共同	チーム数	%	累積チーム数	累積%	
0	50	48.5	50	48.5	
1	39	37.9	89	86.4	
2	12	11.7	101	98.1	
3	2	1.9	103	100.0	平均0.67
未回答85					

	回　数	内2人以上共同のものの数	表彰名	テーマ
54. 社外からの表彰				

回数	チーム数	%	累積チーム数	累積%	
0	166	89.7	166	89.7	
1	16	8.6	182	98.4	
2	3	1.6	185	100.0	平均0.12

未回答 3

内共同	チーム数	%	累積チーム数	累積%	
0	75	87.2	75	87.2	
1	10	11.6	85	98.8	
2	1	1.2	86	100.0	平均0.14

未回答102

55. あなたのプロジェクトチームは，最近3年間に新しい技術を何件開発しましたか。

新技術数 ☐ 件

回答	チーム数	%	累積チーム数	累積%	
0	33	19.2	33	19.2	
1	37	21.5	70	40.7	
2	44	25.6	114	66.3	
3	38	22.1	152	88.4	
4	1	0.6	153	89.0	
5	7	4.1	160	93.0	
6	5	2.9	165	95.9	
9	2	1.2	167	97.1	
10	4	2.3	171	99.4	
11	1	0.6	172	100.0	平均2.19

未回答16

また，そのうち主要なもの3件以内につき最も主要なものから順に，年度，技術名と概略を記入してください。それに携わった人数（あなたを含めた）もお教えください。

	年度	新技術名と概略	人数
1	平成		.

人数	チーム数	%	累積チーム数	累積%	
0	1	0.7	1	0.7	
1	9	6.4	10	7.1	
2	35	25.0	45	32.1	
3	33	23.6	78	55.7	
4	17	12.1	95	67.9	
5	21	15.0	116	82.9	
6〜10	20	14.3	136	97.1	
11〜20	3	2.1	139	99.3	
21〜30	1	0.7	140	100.0	平均4.11

未回答48

	年度	新技術名と概略	人数
2	平成		.

人数	チーム数	%	累積チーム数	累積%	
0	1	1.0	1	1.0	
1	11	10.7	12	11.7	
2	28	27.2	40	38.8	
3	29	28.2	69	67.0	
4	13	12.6	82	79.6	
5	8	7.8	90	87.4	
6〜10	11	10.7	101	98.1	
11〜20	2	2.0	103	100.0	平均3.44

未回答85

	年度	新技術名と概略	人数
3	平成		.

人数	チーム数	%	累積チーム数	累積%	
0	1	1.7	1	1.7	
1	1	1.7	2	3.4	
2	11	19.0	13	22.4	
3	24	41.4	37	63.8	
4	8	13.8	45	77.6	
5	8	13.8	53	91.4	
6〜10	4	6.8	57	98.3	
11〜20	1	1.7	58	100.0	平均3.60

未回答130

付録　183

56. あなたのプロジェクトチームは，最近3年間に新製品を何件開発しましたか。（ここで「新」とは今までになかった製品あるいは製品系列を作るようなものを言い，マイナーな改良等を含みません。また，新規性のあるシステムの開発を含みます。）

また，そのうち主要なもの<u>3件以内</u>につき最も主要なものから順に，年度，製品名と概略を記入してください。それに携わった人数（あなたを含めた）もお教えください。

新技術数 [　　｜　　] 件

回答	チーム数	%	累積チーム数	累積%
0	111	64.9	111	64.9
1	33	19.3	144	84.2
2	21	12.3	165	96.5
3	6	3.5	171	100.0

平均0.54

未回答17

	年度	新技術名と概略	人数
1	平成		・

人数	チーム数	%	累積チーム数	累積%
0	2	3.1	2	3.1
1	1	1.6	3	4.7
2	11	17.2	14	21.9
3	13	20.3	27	42.2
4	13	20.3	40	62.5
5	9	14.1	49	76.6
6～10	12	18.7	61	95.3
11～20	2	3.2	63	98.4
21～30	1	1.6	64	100.0

平均4.83

未回答124

	年度	新技術名と概略	人数
2	平成		・

人数	チーム数	%	累積チーム数	累積%
0	2	6.5	2	6.5
1	1	3.2	3	9.7
2	10	32.3	13	41.9
3	9	29.0	22	71.0
4	3	9.7	25	80.6
5	2	6.5	27	87.1
7	3	9.7	30	96.8
12	1	3.2	31	100.0

平均3.32

未回答157

年度		新技術名と概略	人数
3	平成	------------------------------	・

```
         人数   チーム数    %    累積チーム数   累積%
          0       1      12.5        1         12.5
          2       3      37.5        4         50.0
          3       2      25.0        6         75.0
          5       1      12.5        7         87.5       平均2.88
          6       1      12.5        8        100.0
        未回答180
```

57．あなたのプロジェクトチームは，最近3年間に特定の分野において，会社の売上の伸長に貢献したと思いますか。思う場合は，およその金額等を記入してください。金額等が不詳の場合は，「不詳」と記入いただけば結構です。

1．思う

　　約 [　　　　　　　　] 千円増加（その分野で約 [　　　　　] ％増加）

2．思わない

```
         選択肢   チーム数    %    累積チーム数   累積%
           1       74      41.8        74        41.8
           2      103      58.2       177       100.0       平均1.58
        未回答11
```

以上で質問は終わりです。もう一度答えていない質問がないかどうかご確認ください。ご協力ありがとうございました。

事項索引

あ行

アイ・ビー・エム　37
暗黙知　15, 24
生きがい比率　3
異業種間競争　24
意思決定　2, 7, 9, 11
異質性取り込み・混合のチーム・マネジメント　85, 86, 89, 99, 101, 102, 107, 114, 138
異質性取り込みなどのリーダーのチーム・マネジメント　100, 102, 138, 139, 140
イノベーション　7, 9, 14, 31, 141
イノベーターのジレンマ　14
異分野経験　80, 84, 85, 89, 100, 101, 107, 138, 141
インダストリアル・エンジニアリング（IE）　4
A社グループ内での提携・共同研究　99, 120, 141
A社グループ外との提携・共同研究　99, 141
Sフィルタ　iii, 73, 74, 75, 76, 77, 78, 79, 80, 138

X理論　5
音声照合パッケージ・ソフト　iv, 122, 125

か行

海外出張頻度　94, 99, 114, 118, 142
海外在住経験　98, 141
海外や大学との接触　99, 107, 138, 141
海外留学経験　99, 142
カイ2乗検定　iii, 41, 42, 44, 96, 98, 103, 114, 118, 120
科学的管理法　4, 5
革新（Innovation）　25, 26, 31, 34
架け橋　7
学会誌掲載論文（数）　61
学会発表　54, 55, 77
活性化　39, 41, 42, 114, 117
活性度　iii, 38, 39, 42, 44, 46, 48, 49, 50, 51, 52, 137
金のなる木　12
環境適応類型　11
カンパニー制　8
管理過程論　6
官僚制組織　4
企業ドメイン　11
企業文化（Corporate Culture）　9, 10,

185

11, 24, 25, 26, 142
企業別組合　2
技術融合　15, 24
機能別組織　7, 8
業績主義　2, 142
競争戦略　13
勤続願望比率　3
クライスラー社　31
グループ　25, 26, 27, 85, 141
グループ・ダイナミクス　5, 11
グループの創造性（Group Creativity）
　　26
グローバル戦略　18
経営者支配　1
経営者資本主義　1
経営戦略論　6, 7
KJ法　21
形式知　15, 24
工程イノベーション　14
行動科学　5, 29
合理性重視型　iii, 49, 50, 51, 52, 137
個人得票　64, 65, 74, 84, 85, 137
コスト・リーダーシップ　13
コマンボール社　1
コンティンジェンシー理論　6
コンフリクト　7

さ行

サイクル論　24
サイバースペース　87
サイマルティニアス・エンジニアリング
　　16
産業創出　15
三種の神器　2
GEグリッド　13
事業部制組織　7
事業本部制　8

システム開発部門　iii, 113, 114, 117, 118,
　　120, 121, 122, 124, 139
CRM（Customer Relationship
　　Management）　127
CMOS（シーモス）　127, 128, 129, 131,
　　132
ジャスト・イン・タイム・システム
　　（JIT）　2, 4
社風　9
修士課程が学部時と違う　100, 120, 142
終身コミットメント　2
終身雇用　2, 4, 141
重量級プロダクト・マネージャー（PM）
　　17
需要表現　15, 24
出身学科の多様性　98
情報処理（事業）部門　iii, iv, 118, 120,
　　121, 127, 131, 133, 135, 139, 140
職務満足　2, 32
人的資源管理論　5
スケッチビジョン　87
性格（他人と同じことをするのが嫌い）
　　94, 100
成長志向　4
成長ベクトル　11
製品イノベーション　14
積極的リーダーシップ　42, 46, 48, 49, 51
ZD運動　19
ゼネラル・エレクトリック社（GE）　12
戦略的事業単位（Strategic business
　　unit：SBU）　12
創造性の百科事典（Encyclopedia of
　　Creativiy）　21, 22, 24, 26
組織間関係論　6
組織間連携　iii, 57, 73, 74, 79, 80, 99, 100,
　　101, 102, 107, 117, 138, 139, 140, 141
組織的知識創造　15, 21

組織文化　ii, iii, 2, 9, 34, 35, 38, 42, 44, 48, 49, 51, 52, 71, 91, 95, 137
ソフトウェア研究　iii, 73, 84, 85, 89, 102, 103, 107, 108, 139, 140
ソニー　8

た行

大学の研究者との提携・共同研究　99, 141
退出願望　2
多角化　7, 11, 12, 31
多国籍企業　18, 20, 37, 38
タスクフォース　8
多様な性格・個性　iii, 100, 101, 102, 107, 138, 139, 140, 142
多様な知識・考え方　98, 101, 107, 138, 141
弾性表面波　74, 75, 76, 78
チーム特性　iii, 30, 65, 100, 137, 138
チーム得票（数）　59, 61, 64, 65, 73, 80, 84, 91, 96, 98, 100, 101, 103, 117, 138
チームの規模　98
チームの構成メンバーの多様性　100, 102, 138, 140
チャレンジ精神型　iii, 49, 50, 51, 52, 137
超大型コンピュータ開発　iv, 127
強い文化　9
TQC　19
データベース利用頻度　114, 118
電子コミュニティ　iii, 84, 87, 101, 138, 141
同時並行開発　16
特許出願　iii, 53, 54, 55, 61, 64, 65, 68, 96, 137
ドミナント・デザイン　14
トリクルアップ　24

な行

ナレッジ・マネジメント　21
日本創造学会　21

ニュージャージー・ベル電信電話会社　7
人間関係論　5
年功賃金　2, 4
能率　5, 7

は行

配転者がいる　100
パス解析　ii, 44, 48, 49, 51
ハードウェア研究　iii, 73, 74, 81, 102, 103, 107, 139, 140
花形　12, 13
PM理論　5
Bトランジスタ　iii, 69, 80, 81, 82, 83, 101, 138
普及理論　14
プロジェクト・チーム　8, 24, 44
プロダクト・ポートフォリオ・マネジメント（PPM）分析　12, 13
ボストン・コンサルティング・グループ　12
ホーソン実験　5

ま行

負け犬　13
マッキンゼー社　13
マトリックス組織　8, 24
見通し指数　2
未来傾斜原理　4
未来傾斜指数　3
メンバーに意見を述べることを認めているか　92, 98, 117
メンバーの情報取り込みへの支援　114
目標管理制度　2
モチベーション論　5
問題児　13

や行

欲求5段階理論　5

ら行

ライン・アンド・スタッフ組織　7
リーダーシップ　5, 9, 17, 24, 38, 86
リーダーシップ・パターン　42, 44
リーダーシップ論　5
論文数　iii, 53, 61, 64, 91, 137

わ行

Y理論　5

人名索引

あ行

アイサーリャ（F. Ait Sahlia） 32
アイゼンハルト（K.M. Eisenhardt） 31
アバーナシー（W. Abernathy） 14
アベグレン（J.C. Abegglen） 2
アルドリッジ（M.D. Aldridge） 31
アレン（T.J. Allen） 30, 31
アンコーナ（D.G. Ancona） 33
アンゾフ（H.I. Ansoff） 7, 11
アンドリュース（F.M. Andrews） 29, 71
ウィルソン（J.Q. Wilson） 31
ウェーバー（M. Weber） 4, 7
江崎玲於奈（R. Esaki） 23
エリー（R.J. Ely） 34
オルソン（E.M. Olson） 33

か行

加護野忠男（T. Kagono） 11, 24
カートライト（R. Cartwright） 35
河合忠彦（T. Kawai） iv
クーパー（G.L. Cooper） 34
クラーク（K.B. Clark） 17
クリステンセン（C.M. Christensen） 14
ケネディ（A.A. Kennedy） 9

ケラー（R.T. Keller） 32
河野豊弘（T. Kono） 24
ゴシャール（S. Ghoshal） 19
児玉文雄（F. Kodama） iv, 15, 24
コールドウェル（D.F. Coldwell） 33

さ行

サイモン（H.A. Simon） 7
榊原清則（K. Sakakibara） 35
ジェーン（K.A. Jehn） 33
シャイン（E.H. Schein） 9, 38
シュンペーター（J.A. Schumpeter） 14
スノー（C.C. Snow） 10
スワミダス（P.M. Swamidass） 31
ゼンガー（T.R. Zenger） 33

た行

高橋伸夫（N. Takahashi） iv, 2, 38, 39
タッシュマン（M.L. Tushman） 30, 31
ダビッドソン（M.J. Davidson） 34
チャンドラー（A.D. Chandler, Jr.） 1, 11
ディール（T.E. Deal） 9
デニソン（D.R. Denison） 31
テーラー（F.W. Taylor） 4, 5
トマス（D.A. Thomas） 34

189

ドラッカー（P.F. Drucker）2

な行

野中郁次郎（I. Nonaka）15, 21, 24, 100

は行

バートレット（C.A. Bartlett）19, 20
バーナード（C.I. Bernard）7
バーノン（R. Vernon）18
バーリ（A.A. Berle, Jr.）1
ハリソン（D.A. Harrison）32
ファヨール（H. Fayol）1, 6, 7
藤本隆宏（T. Fujimoto）17
ブラウン（S.L. Brown）31
ペルツ（D.C. Pelz）29, 71
ベルビン（R.M. Belbin）33
プリツカー（S.R. Pritzker）21
ポーター（M.E. Porter）13
ホフステッド（G. Hofstede）37, 38
ポラニー（M. Polanyi）24

ま行

マイルズ（R.E. Miles）10

マグレガー（S. McGregor）5
マズロー（A.H. Maslow）5
マーチ（J.G. March）7
マーニガン（J.K. Murnighan）32
三隅二不二（J. Misumi）5
ミーンズ（G.C. Means）1
村上陽一郎（Y. Murakami）22
メイヨー（E. Mayo）5

や

山村弘（H. Yamamura）143

ら行

ラウ（D.C. Lau）32
ランコ（M.A. Runco）21
ルッツ（R.A. Lutz）31
レスリスバーガー（E.J. Roethlisberger）5
レビン（K. Lewin）5
ロジャース（E.M. Rogers）14
ローレンス（B.S. Lawrence）33

■著者略歴

矢野 正晴 [やの　まさはる]

　1951年　岐阜市生
　1975年　東京大学農学部卒業
　1976年　富士通株式会社
　1992年　筑波大学大学院経営・政策科学研究科修士課程修了
　　　　　修士（経営学）
　1998年　東京大学大学院工学系研究科博士課程修了
　　　　　博士（学術）
　1998年　東京大学先端科学技術研究センター客員研究員
　1998年　文部省学術情報センター研究開発部助教授
　現　在　国立情報学研究所学術研究情報研究系助教授

主要著書

『生存と多様性』白桃書房，1999年（高橋伸夫編著，分担執筆）
『大学改革―課題と争点―』東洋経済新報社，2001年（青木昌彦他編，
　分担執筆）
その他『組織科学』, Innovation, Internet Research, International Journal of Innovation Management 誌などに論文

■多様性の経営学
　The Management of Diversity　　　　　　　　　〈検印省略〉

■発行日──2004年5月6日　初版第1刷発行

■著　　者──矢野正晴
■発行者──大矢栄一郎
■発行所──株式会社　白桃書房

　　　　〒101-0021　東京都千代田区外神田5-1-15
　　　　☎03-3836-4781　📠03-3836-9370　振替00100-4-20192
　　　　http://www.hakutou.co.jp/

■印刷・製本──藤原印刷

　　© Masaharu Yano 2004　Printed in Japan　ISBN4-561-26403-5　C3034
　　Ⓡ〈日本複写権センター委託出版物〉
　　　本書の全部または一部を無断で複写複製（コピー）することは，著作権
　　法上での例外を除き，禁じられています。本書からの複写を希望され
　　る場合は，日本複写権センター（03-3401-2382）にご連絡ください。
　　　落丁本・乱丁本はおとりかえいたします。

好 評 書

高橋伸夫著
未来傾斜原理
―協調的な経営行動の進化―
本体2800円

高橋伸夫編著
生存と多様性
―エコロジカル・アプローチ―
本体2800円

高柳 暁・高橋伸夫編著
変化の経営学
―活性化・情報化・民営化・国際化―
本体3010円

伊丹敬之著
経営と国境
本体1429円

榊原清則・大滝精一・沼上 幹著
事業創造のダイナミクス
本体3500円

坂下昭宣著
経営学への招待〔改訂版〕
本体2600円

沼上 幹著
行為の経営学
―経営学における意図せざる結果の探究―
本体3300円

金井壽宏著
変革型ミドルの探求
―戦略・革新指向の管理者行動―
本体4800円

松本雄一著
組織と技能
―技能伝承の組織論―
本体3000円

出口将人著
組織文化のマネジメント
―行為の共有と文化―
本体2200円

―― 白 桃 書 房 ――

本広告の価格は本体価格です。別途消費税が加算されます。